時範記逸文集成

木本好信＋中丸貴史＋樋口健太郎―編

岩田書院　史料選書6

岩田書院

渡辺将史——◉装幀

解題

『時範記』とは、平安時代末期、白河・堀河天皇朝に活躍した官人である平時範（一〇五四～一一〇九）の日記である。時範は、桓武天皇皇子葛原親王の子で平氏を賜姓した高棟王につながる桓武平氏の流れである。高棟―惟範―時望―直材―親信―行義―行親とつづき、父定家と母藤原家任の娘との間に天喜二年（一〇五四）に生まれている。

はじめ蔵人や勘解由次官を歴任したが、寛治八年（一〇九四）六月に右少弁に任じられて以来、因幡守・近江守などの国守を兼任することもあったが、本官は常に弁官職であった。承徳二年（一〇九八）十二月には左少弁に転任、その後、康和元年（一〇九九）十二月に右中弁、同四年六月に権左中弁、嘉承元年（一一〇六）十二月には極官の右大弁に至っている。

『拾遺往生伝』下が、「行年五十五、生涯に遺恨なし。…少壮の昔より大年の今に至るまで、法を枉げず人を欺かず。」と、時範自らの言葉を伝えているように、時範は弁官職と関白藤原師通の家司職の勤仕に終始した生真面目な事務官僚であったといってよい。さらなる時範の詳しいことについては、拙論[1]を寸見する方法もあるが、それよりは宮崎康充氏の卓論[2]を熟読していただくことをお勧めする。

『時範記』は、この一般的な名称以外に『時範朝臣記』（『歴代残闕日記』など）、『時範日記』（『郁芳門院日吉御幸部類記』）、そして極官職の右大弁に因んだ『右大丞御記』『大丞御記』（『時信記』）、『右大丞記』（『摂関詔宣下類聚』など）、これを省略した『右大記』（『歴代残闕日記』）、『右御記』（『改元部類』など）、職・氏から名づけられた『右少弁平時範記』『右少弁時範記』（『元亨三・四年具注暦裏書』）、『平右記』（『仙洞御移徙部類記』）などとも呼ばれることもある。

この『時範記』、現在は残念ながら散逸して、そのほとんどが伝わらない。少しでもまとまった条文を伝える写本以外に、部類記などに引用された逸文をも含めても三九〇カ条ほどしか残ってはいない。分かっている最も古い条文は、『群言鈔』が引く五節舞姫の記事である承保二年（一〇七五）十一月十九日条で、最下限の条文もやはり『群言鈔』の引く天仁元年（一一〇八）正月八日の記事である。時範の二十一歳から没年の前年五十五歳までの三十四年間は確実に日記を記していたことが確認できる。

『時範記』の写本は、大別すると四部しか存しない。一は、嘉保元年（一〇九四）六月十三日より二十五日（二十日・

二十二日は欠条）までの条文を収める『時範記』『時範朝臣記』、二は、東洋文庫旧蔵（現国立歴史民俗博物館蔵）岩崎文庫広橋本『右少弁平時範記』で、永長元年（一〇九六）三月一日より二十九日条までを収める。三は、宮内庁書陵部蔵九条家本『右御記』で、永長二年（一〇九七）十月一日から三十日条までと、承徳三年（一〇九九）正月一日より三月二十九日条までを収め、ともに鎌倉時代の書写と考えられている。四は、東山御文庫蔵『源基綱朝臣記』（実は『時範記』である）で、承徳三年四月一日から六月三十日条までを収め、江戸時代初期の書写とされる。

　このうち、三の宮内庁書陵部蔵九条家本『右御記』の承徳三年正月一日より三月二十九日条までは早川庄八、永長二年十月一日より三十日条までは宮崎康充両氏によって翻刻紹介されており、(3) 四の東山御文庫蔵の『源基綱朝臣記』なる表題の『時範記』承徳三年四月一日から六月三十日までの条文は、宮崎康充氏が翻刻紹介されている。(4) また臨川書店から影印刊行されている『歴代残闕日記』巻十五には、承暦元年（一〇七七）十一月十七日、寛治元年（一〇八七）四月七日、寛治八年（一〇九四）十二月四日・十五日・十六日、嘉保三年（一〇九六）十二月十七日、永長二年（一〇九七）十一月二十一日、承徳三年八月二十八日条の八カ条がみえている。

　これ以外は、散失するまえに別の日記または部類記などに引用されて偶然に残った逸文ということになる。永長元年十月十五日から康和四年五月二十七日条までを引く『元亨三年具注暦裏書』、応徳三年八月五日より康和三年六月一日条までを引く『修法要抄雑例』、承保二年十一月十九日より天仁元年正月八日条までを引く『群言鈔』、このほかに『任槐大饗部類記』『院号定部類記』『御即位叙位部類』『三僧記類聚』『御禊行幸服飾部類』『堀河院記』『朔旦冬至部類』など多くの部類記を中心とした古記録に引用されて、現在確認されているのが三九〇カ条ほどになるということである。

　もちろん、まだ編者が看過している逸文も多くあろうかと思う。何といっても、逸文は何時の条文が、どの記録に引載されて残っているかはまったく分からない。この逸文収集という作業は終りのない落穂拾いのようなものであって、これで完璧ということはない。そこで、いままで収集した『時範記』の逸文をも含めて、とりあえず纏めてみることも少しは意義あることと思い、収載しようとするものである。今後の『時範記』研究への一助ともなれば幸甚である。

注

（1）木本好信「『時範記』と平時範」（『国書逸文研究』十六号掲載、一九八五年十二月、のち『平安朝日記と逸文の研究』所収、桜楓社、一九八七年四月）。
（2）宮崎康充「平時範に関する覚書」（『書陵部紀要』四十一号掲載、一九八九年三月）。
（3）早川庄八「時範記　承徳三年春」（『書陵部紀要』十四号掲載、一九六二年十月）。「時範記　補遺」（『書陵部紀要』十七号掲載、一九六五年十月）。宮崎康充「時範記　永長二年冬上」（『書陵部紀要』三十八号掲載、一九八七年二月）。
（4）宮崎康充「時範記　承徳三年夏」（『書陵部紀要』三十二号掲載、一九八一年二月）。

（追記）

『時範記』翻刻の印行作業中に、森公章氏の『平安時代の国司の赴任―時範記をよむ―』（臨川書店、二〇一六年四月）、佐々田悠氏の「『時範記』の一背景」（『律令制と古代国家』吉川弘文館、二〇一八年三月）が発表された。『時範記』に関して論じるが、とくにここで新たに触れることはない（木本記）。

凡例

一、条文末尾には、その出典を明記した。

一、字体は、特別なものを除き常用漢字を用い、異体文字も同様にした。

一、本文中に適宜読点などを付した。

一、校訂に関する注は〔 〕で、人名注などには（ ）で示した。

一、欠損文字は、概ね□や▭、塗沫文字は■で表記した。

一、翻刻作業では、まず『大日本史料』などで翻刻されている条文は刊本をもとに概ね原本（写本）でもって確認して校訂を行った。また翻刻されていない条文の場合には原本によった。この際の宮内庁書陵部・天理大学附属天理図書館・金光図書館等所蔵機関の配慮に感謝する。

一、諸本で条文に欠脱のある場合は、互いに補い成文化したが、とくに明示はしていない。

一、文字については、写本が多岐にわたるため統一したものもある。例えば「着」を「著」に、「剋」を「刻」に、「筥」を「莒」のように統一した。

承保二年

十一月

十九日、依召参内、今夜五節舞姫参入口、帳台北為大師局、主上（白河天皇）御此所、御円座云々、　（群言鈔、十一）

承保三年

正月

八日、被始大元御修法、縫殿助令持御名於蔵司官人、行向壇所、予儉案、蔵人不行向儀也、然而今日依貫首命行向之云々、

十四日、御斎会内論儀〔義〕也、○立黒漆机一脚、置香水散杖、机中央置花盤一枚、其上置散花枝、小枝、其左右居土器各一口、盛香水、件土器銅垸代用之、近代粉〔紛〕失之故也、旧記机上居香水垸一口、其上置散杖一枝、又云、机上居花盤、其上居垸、加散杖之、第二説頗待中、　（群言鈔、十一）

二月

十八日、○今夕陪従参河権守隆長、申触穢之由、仍先申殿下（藤原師実）、次奏聞、可被問明法之由、御定了、件触穢、々々所少童踞隆長宅縁云々、

十九日、遣召明法博士有真（菅原）、問触穢事、申云、天暦三年式部卿（敦実親王）家使宅有触穢、而太政大臣（藤原忠平）家膳部為予、件召使罷向彼宅、謬踞棚上、其後参入大臣家、仍有時議被問明法、早為触穢之由、被儀〔議〕定了、亦長久二年関白殿（藤原頼通）俄有穢気、而権左中弁義忠（藤原）朝臣不知其由、罷上之処、承触穢之由、乍起逐電罷降了、仍被問明法博士道成（令宗）、申云、以著座為穢、乍立罷降了不可為触穢者、仍勤仕奉幣行事了、両ヶ之例如此、々々事不載法式、只可待臨時処分者、但唯天暦年中例者、頗可為触穢歟、仍被為触穢了矣、　（群言鈔、十一）

十二月

十九日、御仏名也、○臨昏東庇西第一五間及孫廂南二三

四間、各懸燈楼、庇燈楼下有打敷、但天禄年中記不敷之、然而近代例并式文敷之、孫庇不敷之、同庇一間反綱(マヽ)、時範同御仏名記云、堂童子二人、蔵人右少将保実(源)、右兵衛佐俊頼(源)、入自廂一間、経僧座東頭、跪机下、取花莒、斑授衆僧、上臈者授導師一人、下臈授莒之間、暫居導師後待之、即退出、

(群言鈔、十一)

承暦元年(承保四年)

正月

十四日、御斎会終也、仍有内論事、○廻御簾敷小莚一枚、其上立香水机、居香水、置散枝、香水二坏、散枝四枝置之、香水一坏、散枝一枝是例也、未聞此説、可尋、

(群言鈔、十一)

五月

二日、天晴、今日最勝講始也、○六日御結願也、香花机置仏布施、綿卅屯、件仏布施有説云々、或仏供机前立仏布施机云々、此説非也、季御読経例歟、相違此儀、

(群言鈔、十一)

六月

廿四日、今日有春季御読経事、六条殿中殿南面、行事大舎人丞仲実(藤原)、○先例僧綱座用両面端之時、凡僧之座用緑端、亦僧綱座用緑端之時、凡僧座用黄端、西代之例以之可尋、如何、○当仏前敷緑端半帖、為導師座、帖上敷之、件半帖前不立経机云々、可尋、季御読経事、○仏前左右立燈台、供燈明、有打敷用之、

(群言鈔、十一)

十一月

十七日、内大臣(藤原信長)以下参会於仗座、被定申改元之事、僉議了、以承保四年為承暦元年者、次内大臣以右大弁実政(藤原)朝臣、令奏詔書草、覧了返給、仰令清書、清書後令同人覆奏、々覧了返給、次職事弁官吉書一如恒例、

(歴代残闕日記、十五)

十八日記云、入夜越後・加賀等舞姫参上、○師[大カ]局中敷畳一枚、其上供円座、為御座、件畳附(ヽヽ)雖無先例、予加、今案(季ヽ)聊(聴ヽ)令調之円座用所、十九日、○戌刻奉仕御前試御装束、其儀先垂南庇御簾、

庇三間敷二色綾毯代、用所、立殿上御倚子、為御座、御後
立御屏風一帖、（便路四季御屏風、）御座前供円座、（便用大床子上円座、）
（群言鈔、十一）

廿四日、今日為御使、詣仁和寺宮（覚行）御許、御消息云、御願（法勝寺）
寺金堂御仏奉造之、胎蔵界五仏印相是稀、仍移天台山
前唐院、五仏為証（被ミ）於奉造之、而奉坐仏也、後或云、相
違前唐院、本山間（問カ）仏師之処、令申云、相尋東寺僧義花
処図絵印相并尊位次第賜之、仍任件本所奉坐也、前唐
院本并花本奉之、頗迷是非、東寺若有此本哉、如何歟、
奏云、東寺已無此本、暗難是非者、依前唐院被奉坐可
宜歟、帰参奏此由、仰云、向御願寺、可坐直御仏由、
（候ミ）可仰右衛門督藤原朝臣（実季）者、差向白川、仰此由了、
（群言鈔、十一）

承暦三年

正月

五日、蘇合、太平楽、新鳥蘇、狛桙、不舞、
（群書類従本舞楽要録）

二月

十九日、申刻、中宮（媞子内親王）令著帯給、依御懐孕也、殿下（藤原師実）令進給、

五月

廿七日、於飛香舎中宮（媞子内親王）啒六十口僧、一日被転読大般若経、
大僧都公範為御導師、於襲芳舎有僧供事、内蔵寮勤仕
者也、右少将顕実（藤原）朝臣奉勅、仰給度者、申未刻給削氷、
有行香、給布施、今日事皆悉従蔵人所沙汰之、蔵人知家（藤原）
為行事、御仏新仏也、御経、（於勅定、於播磨、丹波、但馬等国司、令書写、蔵人召仰之、）
廿九日、今日行幸八省院、被立伊勢、臨時奉幣使左衛門
督、（藤原）実季卿、幣帛、神馬等也、是去二月火事被謝申之上、

殊令申皇子（善仁親王・堀河）誕生之由給云々、（宮内庁書陵部蔵御産部類記）

永保元年（承暦五年）

正月

廿二日、副御簾、引唐絵軟障、（群書類従本大饗雑事）

応徳三年

八月

五日、庚寅、内大臣（藤原師通）殿奉迎新造五大尊像、自今夕被修五壇御修法、（修法要抄雑例）

十二月

十六日、庚子、時々飛雪、今日有叙位儀、次蔵人撰申文、如一日、—〔予〕奉仕御装束、其儀御直廬、東対代、放出四箇間、十三日放出三ヶ間、而今夜依座席狭所、少入〔加カ〕一間也、西南御簾、下御格子、副立四尺御屏風五帖、北御簾前、去五六寸許、少寄東、敷菅円座一枚、為御座、御座南少寄南置御硯筥、其蓋盛申文、当御座南去六尺許、敷同円座、為執筆円座、面西歟〔マヽ〕相比、敷高麗端帖一枚、副南御簾、為本座、其南去二尺五寸、二許対座敷同帖、為納言以下座、同対代南弘廂二行対座、被〔為カ〕上達部座、高麗端六枚、南向戸開之、東向戸、当廊、南扉開之、為往反道、女扉開之、東廊、中門西、敷紫端帖二枚、為弁官座、東中門外并中門東廊、子午、北砌構筥、同為上官座、所司役之、同中門北庭所司立幔、開幔、酉刻有召仰、（藤原）為房仰之、参内府（藤原師通）、此間供燈燭、女一々〔マヽ〕成者、蔵人権左少弁為房出仗座、伝殿下（藤原師実）御消息、民部卿（源経信）、両源大納言（師忠・雅実）、治部卿（藤原伊房）、右衛門督（源俊明）、左衛門督（藤原家忠）、皇后宮権大夫（藤原公実）、大蔵卿（藤原長房）、別当（源俊実）、左京大夫（藤原公房）、宰相中将（藤原基忠）基、右大弁（藤原通俊）、新宰相（藤原公定）、参上御直廬、其路如一日、著座、内府依御所労、不参行〔給カ〕、次左〔右カ〕大弁依気色進、著執筆円座、先是、右中弁基綱（源）朝臣、権右〔左カ〕少弁為房、右少弁重資（源）、執筥文参進、置執筆円座前、事始之候執筆云々、重資令召院宮御申文、頃之、主殿寮供大膳、諸大夫役之、但取下御料、有家（藤原）朝臣取之歟云々、内蔵寮著饌、諸大夫役之、有家朝臣為殿下陪膳、御料

高坏三本、納言前料二本、皆用―料敷居飯、次蔵人頭左近中将雅俊(源)朝臣勧盃、殿
下蔵人若狭掾重仲(高階)取瓶子、諸大夫取続杓、次二献、右中弁基綱(藤原)朝臣為勧盃、諸
大夫取杓、次羞汁物、子刻叙位畢、執筆覧殿下了退下、不返給、
次召皇后宮権大夫経叙位、権大夫被著仗座、被行入眼
事、此間蔵人盛房(藤原)申吉書、其儀如例、次殿下入御、頃
之、上卿出陣座、次少内記厚中(マヽ)令覧入眼位記、納二合、予申云、式部
兼遠(橘)取兵部莒、仰云、令請印、此間外記有貞(伴)参上、令申云、中
務輔皆若(差カ)障者、次有貞被仰上卿云、以近衛将為代可令
行者、丑刻実房(源)・盛房等取次第位記莒、参御直廬申之、
御覧了返給、仰云、聞食可留御所、立々物、御厨子立歟、今夜無諸
国功過定、　（内閣文庫蔵万里小路本御即位叙位部類、堀河院）

寛治元年（応徳四年）

正月

十八日、辛未、為摂政殿(藤原師実)御使参院(白河)、受禅以後未被行観音
供、今日々次無障、何様可行乎、院宣云、於禁中未被
行仏事、於真言院可被行、随被奉渡仁寿殿御仏、差遣
出納義経(中原)、安置真言院、遣召言賢(定)僧都、令修之、

（三僧記類聚、七）

三月

七日、

匡房(大江)勘文、

寛治用之、　承安、

成季(藤原)勘文、

大平、養寿、康寧、

敦宗(藤原)勘文、

承安、治和、

（改元部類、応和―建久）

四月

七日、戊子、今日内大臣(藤原師通)以下参上仗座、申刻〔大臣〕参弓
場辺、令蔵人権左少弁為房(藤原)奏擬階奏、▽殿下(藤原師実)御南弘庇、
為房奏覧了返給、△仰聞食、頃之令為房下給年号勘文、件勘文、先是内大

臣未令参内給、以為房被奏之、儒〔家カ〕宗左大弁散三位、大江匡房、寛治、承安、文章博士藤原成季、太平、養寿、康寧、藤原敦宗、承安、治和、左大弁不封、両博士封之〔也〕、或云、菅家年号、勘文奥注名、江家不封、藤家封云々、可尋、諸卿択定、匡房卿所勘寛治、敦宗所勘承安、令為房奏聞、仰云、改応徳四年為寛治元年者、次内大臣召大内記在良（菅原）、被仰可草詔書之由、詔書草出来了、大臣参弓場、令為房奏草、入莒、仰令清書之、書之了、大臣於仗座令為房奏清書、此間殿下尚御弘庇、覧了返給、仰聞食、次大臣下〔給〕詔書於中務省云々、次大臣以下退出、先是摂政殿下（藤原師実）御直廬曹、右中弁基綱（源）朝臣奏官方吉書、蔵人左少弁為房奏蔵人方文書、次同為房申政所吉書了、官方蔵人方文書被下内大臣了、今日改元以前、被卜定〔有大嘗会国郡卜定〕大嘗会悠紀主基国郡、然而依子日有憚卜定之由、神祇官執奏、仍延引了、

改元寛治、

詔、羲皇演卦、露垂温故之□〔文カ〕、虞舜受図、風薫改正之化、是以自古登紫極而開基、臨赤県而易号、蓋是前修之芳躅、抑亦往哲之恒規也、太上天皇恩沢流于寰海、仁雨施于普天、遜洪業於出震之位、追逸遊於陰陽之蹤、遂以大諏授此眇身、雖無徳華之惟馨、只任塩梅之克調、方今当来夏告律之候、訪西漢建元之儀、宜尋皇猷於踰年、以新民聴於今日、其改応徳四年為寛治元年、主者施行、

寛治元年四月十日

作者大内記菅—在良、

左大弁匡房撰申、（▽△内閣文庫蔵和学講談所本ニナシ、〔 〕ハ同本ニテ補フ、群書類従本改元部類、承平—寛治）

十月

廿二日、節下左大臣（源俊房）、唐鞍、飾馬、

馬副十人、装束如例、手振、蘇芳褐衣、躑躅単下重、無牛臂、執物四人、鞭莒、笏莒、

少納言公衡（藤原）、倭鞍有銀面尾袋杏葉等、装束如尋常、

執物四人、胡床、鞭、少納言侍、

外記二人、三善雅仲、惟宗仲信、倭鞍、楚鞦、結唐毛、各著深緑袍、俗称柚葉色、

前後次第司長官、御前右衛門督俊明（源）卿、御後右兵衛督俊実（源）卿、

以上垂纓冠、不帯弓箭、帯劔、飾鈒、馬副八人、手振六人、執物四人、大略同上、随身四人、装束同上、用粛慎羽胡籙、但右兵衛督、依為検非違使別当、有火長四人、無看督長、

次官、御前式部少輔在良（菅原）、御後兵部少輔隆兼（大江）、著緋平絹、闕腋袍、帯劔、仮被下宣旨、唐鞍銀面尾袋杏葉等、取物四人、同大臣、

御前判官、式部丞菅原淳中、中務丞藤原正景、

主典、式部録、中務録、

御後判官、兵部丞、民部丞、

主典、兵部録、民部録、

以上著深緑闕腋袍、帯劔、仮有宣旨、倭鞍結唐尾付杏葉、取物二名、笏、胡籙、

主礼史生

著黄染袍、垂纓、行縢画如虎文、

（御禊行幸服飾部類、節下）

摂政殿（藤原師実）、隠文御帯、付魚袋、御騎馬、唐鞍、八子、雲珠、鈴、頚総等也、無手振取物云々、供奉御後在左右、御随身内舎人、源行遠、中原季行、装束如例、巻広纓冠、退紅色衫、白狩袴、熊皮行縢、布帯、伊知比脛巾、狩胡籙、弓、移馬自殿給之、騎馬左右相分、在御馬前、左右近衛番長四人、二人本府御随身、二人仮召之、府生供奉本陣替、近衛八人、已上十二人、著蠻絵、左獅子、右熊、下襲半臂、右蠲蠲単、已上纔著、右柳色、末濃袴、左蘇芳、右青、伊知比脛巾、平胡籙、左鷲羽、右粛慎羽、樺巻弓、左種巻、右褐巻、赤懸緒、左無文、右平文、浅沓等、已上歩行、府生御随身二人近友（大中臣）、兼方（秦）、装束如常本陣、柏摺黄衫、白袴、熊行縢、濃色打袙、伊知比脛巾、布帯、狩胡籙、乗移馬、自殿給之、仮番長参会陣頭云々、御馬副十二人、装束如例、瀧口等勤仕之、各相従調度懸、御厩舎人一人、著冠、褐衣、脛巾等、御鞍覆令用蒲萄染、面蒲染、蘇芳、内府（藤原師通）同前、晴儀時、大臣令用此色云々、

殿下御車檳榔毛、所被渡大路也、御車副六人、著蘇芳褐衣、冠、緌、柳色単下襲、半臂、黄袙、青単、青末濃袴、布帯、牛飼一人著褐衣、布帯、白袴等、持榻各以相従、是則寛和例云々、

按察大納言（藤原実季）已下各騎馬、有馬副、大納言八人、中納言六人、宰相四人、帯衛

府督并近衛中将之人帯弓箭、（帯弓箭人不付魚袋、）御随身其装束同上、（蠻絵、胡籙也、司人用粛慎羽、）但近衛中将被供奉本陣、公卿著錺劔、但帯弓箭、用螺鈿劔、

（御禊行幸服飾部類、公卿）

十二月

二日、有内侍所御神楽、（以南釣殿為其所、）其儀釣殿北渡殿燃庭燎、其渡殿東西砌二行対座、儲召人座為本末方、其後設近衛府召人座、末近衛召人座、後設人長座、北廊砌自末召人座後、東西行至于西屏下、更南折設殿上人座、屏外設蔵人所座、以屏戸為往反路、主上（堀河天皇）不渡御、殿下（藤原師実）不令参給、内侍所参入、次殿上人召□長朝臣、顕仲（藤原）朝臣、俊頼（源）朝臣、基綱（源）朝臣、宗忠（藤原）、宗通（藤原）、地下召人孝清（藤原）、知定（藤原）、博定（藤原）、橘章定、藤経忠、源成綱等及近衛府召人六人著座、所司賜饌、同給侍臣、々々相遞勧盃、三献之後、人長兼方（秦）行事、御神楽如例、左井張之時、有勧盃、歌其駒之時、人長立舞、賜禄、次賜召人禄有差、（四位白掛、五位六位白単重、人長并近衛召人疋絹、）賜内侍以下女官以上禄、各有等級、

（平記十四、時信記大治五年十二月八日条）

十二日、行幸定、左大弁匡房（大江）執事之由、見時範記、

（玉葉承暦四年十二月十三日条）

寛治二年

三月

廿三日、（庚午、）天晴、今日石清水臨時祭也、早旦賜舞人陪従装束、（少将殿（藤原忠実）不令参給、以礲右将曹重季（下毛野）令請給、）弓場殿居朝飯、巳刻殿下（藤原師実）令参内給、同刻有御禊、其儀如恒、次蔵人参上、南弘庇立御倚子、（有毯代、南面、）掃部寮参上南庭、敷垣下公卿座并舞人陪従座、南廊壁下敷座如例、次穀倉院居使舞人陪従衝重、此間左大臣（源俊房）奏宣命、次召使近江守敦家（藤原）朝臣於小板敷賜之、午刻尊儀（堀河天皇）出御、（黄櫨染、）次摂政、左右内三相府、（源俊房・顕房・藤原師通）先令著壁下座給、自余上卿、或候壁下、或徘徊弓場殿、次宸儀（堀河天皇）、召人、蔵人頭雅俊（源）朝臣参上、奉仰召使已下、次使引率舞人、（能俊（源）、顕雅（源）、行宗（源）、俊忠（藤原）、家輔（藤原）、顕隆（藤原）、左近大夫将監盛業（高階）、左衛門尉地下、実房（源）、邦宗（藤原）、）陪従、

(源)道良朝臣、(源)俊頼朝臣、(藤原)孝清、(橘)宗季、(藤原)邦家、(高階)経敏、(藤原)仲実、(藤原)実俊、兵部丞(橘)章定、(藤原)経忠、掃部助(藤原)国俊、左兵衛尉(源)成綱、参上著座、少将殿、依位階令著給、蔵人実房、邦宗、(源)雖著盛業□仰盛業著蔵人二人上、次一献、蔵人頭雅俊朝臣勧使、刑部少輔成宗勧陪従、次二献、左大臣勧使、殿上五位取瓶子、右中将仲実朝臣勧陪従、左大臣著垣下座、居衡重、五位居之、次摂政殿令著垣下座、無絶席、給、居衡重、五位居之、次三献、右大臣勧使、々擬申殿下、々々令擬舞人給、自余如例、左少将(藤原)隆宗朝臣勧陪従、右大臣著垣下座、居衡重、次蔵人等持参挿頭花、螺坏、銅盞等、安長橋南妻、挿頭花〔在カ〕束、螺坏花西〔在カ〕、此間発物聲、次四献、内大臣勧使、々擬垣下如初、右少将(藤原)有家朝臣勧陪従、内大臣令著垣下座給、居衡重、次五献、源(師忠)大納言勧使、々擬垣下、直以流行、右中弁(源)基綱朝臣勧陪従、次源大納言不著垣下、還入壁下、次蔵人所雑色二人、所衆一人、各取円座進出敷之、使舞人前二枚、陪従前一枚、次賜重盞、左少将(源)国信朝臣、右少将(藤原)宗通朝臣勧使舞人、少納言(藤原)公衡勧陪従、所衆取瓶子、次賜挿頭花、次使以下退座、公卿退、次入御、次撤庭中座并饌掃除、次蔵人敷円座於簀子、未刻宸儀出御、麹塵御袍、次摂政先著座給、蔵人頭(藤原)季仲朝臣告御出由於公卿、左右内三府、(忠家)藤大納言、(源経信)民部卿、源大納言、(源雅実)権大納言、(藤原伊房)治部卿、(源俊明)右衛門督、(藤原家忠)左衛門督、(藤原公実)皇后宮権大夫、(藤原長房)大蔵卿、(藤原基忠)右宰相中将、(藤原通俊)右大弁、(藤原経実)三位中将、(藤原能実)三位侍従参上著座、次侍臣著壁下座、次召人、頭弁季仲朝臣参上、依仰召使以下、次使率舞人陪従参進、頭中将雅俊朝臣奉仰、披仰少将殿可令奉仕一舞給之由、次両ケ舞了、使以下退出、於右衛門陣各以騎馬、六位不然、此間摂政殿引率上卿、令出立右衛門陣給、披扶持少将殿、次殿下率上卿、於二条大宮辺令見物給、殿下、左右両府、令同車給、其路自二条西行、自朱雀大路南行、少将殿、著御濃擣御衣、依一舞、次第令行列給、左将曹中臣近友、右将曹下毛野重季、已上院御随身各著冠、随身布衣、各施風流、令騎栗毛御馬給、仮立、先御随身二人、著冠、褐二藍狩袴、壼脛巾、鞭等、次小舎人童二人、著黄朽葉色染狩衣袴、薄山吹色打袙施絵青色単衣、濃色袴、毛沓等、次雑色六人、著蘇芳狩衣袴、蒲萄染打衣等、取物舎人四人、著萌木狩衣袴、山吹色打衣等、御笠、以鏡台為柄、以伏籠為蓋、上居鏡、以女装束一具懸之、北一〔マヽ〕立也、深沓行騰〔膝カ〕雨衣、紺地、黄小文錦、各懸花枝、於大宮殿、故右府(藤原俊家)第、召御湯漬、雖須令著改御装束、院(白河)於鳥羽殿、可有御見物、仍不令著改給也。摂政殿下引率左右両府以下、令光臨給、即以令立給、御車召道良朝臣、前駈四位二人、前越前守(源)高実朝臣、讃岐守(高階)泰仲朝臣、

五位六人、能登守能遠(高階)、散位行綱(藤原)、越前守清実(源)、甲斐権守盛長、甲斐守為隆(藤原)、散位重仲(高階)、

六位二人、修理亮藤原佐実、殿勾当同永実(源)、

已上著布衣、之中六位著奴袴、

後聞、於鳥羽殿前、次第行列披渡云々、少将殿前駈在陪従云々、

廿四日、辛未、天晴、巳刻参朱雀院、以柏殿為使宿所、其儀如例、

以侍従殿為少将殿(藤原忠実)御宿所、其儀放出棟別以南三ケ間母屋并東庇為客亭、懸御簾、敷満長筵、南庇同敷筵、西庇御簾副立四尺屏風、母屋二行対座、敷高麗端帖、為殿上人座、棟別戸以北二ケ間、塗籠敷筵、副壁立廻五尺屏風、為御休息所、北廊為前駈座、西面庭并北廊、南北面立庭幔、飛騨守久実(紀)奉仕御儲事、同刻少将殿令著朱雀院御宿所給、頃之、殿下(藤原師実)内相府(藤原師通)渡御、各御直衣、午刻左府(源俊房)、右府(源顕房)、按察使(藤原実季)、民部卿(源経信)、源大納言(師忠)、権大納言(藤原雅実)、治部卿(藤原伊房)、右衛門督(源俊明)、左衛門督(藤原家忠)、皇后宮権大夫(藤原公実)、大蔵卿(藤原長房)、右宰相中将(藤原基忠)、右大弁(藤原通俊)、左宰相中将(藤原保実)、三位中将(藤原経実)、三位侍従(藤原能実)被参会、大臣直衣、納言以下束帯、左右両相府被献桧破子、左府用鶏合伏籠躰、右府用草墪張、□鳥翼用狛鉾棹、殿下出御、客第方上達部座定、下臈両三、依座狭不著、羞饌、用塗高坏、□(役カ)送諸大夫、衣冠、盃酌数巡、鴛鸞淵酔、此日脚漸斜、及于未刻、柏殿使宿所陪従等集会、盃酌一巡之後、令発物聲、頃之、少将殿御装束了、次左右両府各被献龍蹄一匹、惟信(藤原)、惟輔(藤原)引之、御随身相副、申刻使以下皈参、於西中門外、先令頭弁季仲(藤原)朝臣申皈参之由、頃之、出御、々倚子、御直衣、内大臣、束帯、已下候簀子、侍臣著壁下座、次主上(堀河天皇)召人、頭中将雅俊(源)朝臣参進、奉仰伝召、次使歌人進出、所衆二人昇御琴、舞人等参上、左少将顕雅(源)依所労不参、奏求子了、次使以下退出、次上卿以下退、次入御、次使以下依例、於弓場殿有盃饌事、一献之後賜禄、有差、

少将殿著御蘇芳物掛、御随身、雑色、舎人等不改昨日装束、前駈䶬人等改著装束、

前駈列陪従後渡大路、自大宮二条南行、

殿下還御之後、召少将殿口取二人、於東壷賜禄、近友(大中臣)、

青摺地摺濃打御衣一重、少将殿御衣二領、殿下別給御衣一領、禄絹廿疋、重季(下毛野)、御半比下重、自余同近友、諸大夫取之給之、

（群書類従本寛治二年記）

十月

廿一日、癸巳、巳刻御直廬奉仕御装束、如除目時、立御屏風御座東西、用高麗端帖、置御硯、其前二行対座鋪同帖、不撤東庇帖、上南格子、未刻左右内三相府(源俊房・顕房・藤原師通)、按察使(藤原実季)、権大納言(源雅実)、右衛門督(源俊明)、大蔵卿(藤原長房)、左京大夫(藤原公房)、左宰相中将(藤原基忠)、右大弁(藤原通俊)、左大弁(大江匡房)等、束帯、被参御直曹、次殿下(藤原師実)出御、束帯、被議定御元服事、先以蔵人頭季仲朝臣(藤原)、被問日時於陰陽師道言(賀茂)・国随(安倍)等、申云、正月二日癸酉、五日丙子、共為吉日、同科巳日也、両日之間可依　勅定、諸卿被定申云、被用二日者、三ケ日之内無後宴、然者五日有御元服、七日可有後宴歟、一条院永祚二年正月五日御元服、七日後宴者、又延喜聖主(醍醐天皇)丙子日有御元服、然則依是等例被行可宜者、又朝賀依天禄例、永祚、寛仁等例、不可被行者、御調度可被新調哉否事、同被僉儀(議カ)、清涼記雖注可被新調由、寛仁之例調否由不分明、但右大弁重被申云、寛仁二年被新調度由有所見、又依寛仁二年例、可被渡仗座者、以右衛門督被奏太上皇(白河)、次蔵人権左少弁為房(藤原)、可親仕行事由被仰下了、且自来廿五日、可被始御調度者、今日内大臣被貢御馬一疋、

（内閣文庫蔵中御門本堀河院記、堀河院）

十一月

一日、癸酉、午刻殿下(藤原師実)令参内給、今日依朔旦冬至也、申刻出御南殿、内侍二人候御劔璽、女房八人扈従、各著平劔子目染裳等、蔵人候式御莒、先是少外記惟宗仲信・中原宗政昇安表函案、賀表左大弁匡房(大江)卿作之、朝綱(大江)等例也、少納言知家(藤原)書之、朴木莒在牙上、莒中有折立、居下机安高机上、入自西中門立西軒廊東第一間退帰、次左大臣(源俊房)、内大臣(藤原師通)、按察使藤原朝臣(実季)、民部卿源朝臣(経信)、権大納言源朝臣(雅実)雅、右衛門督源朝臣(俊明)、左衛門督藤原朝臣(家忠)、皇后宮権大夫藤原朝臣(公実)、大蔵卿藤原朝臣(長房)、左近中将藤原朝臣(基忠)基、右大弁藤原朝臣(通俊)、左大弁大江朝臣、各著浅履、出自右仗参進、列立東台、謂中殿、南殿、大臣一列、参議一列、已上北上東面、次左大臣進到

軒廊、内侍臨西檻、大臣就案下挿笏取表莒、不取下机、自案北進西階授内侍退復本列、

次大臣以下引還右仗座、次外記撤案、次宸儀出御、帳中右机安御劔璽、左、式御莒、次内侍臨西檻、右近衛少将顕実(藤原)朝臣著靴、出自本陣著床子、南、次左大臣以下散三位、右近中将経実(藤原)、二〔三カ〕位侍従能実(藤原)、以上著靴出自仗座参上著座、次侍従左馬頭道良(源)朝臣入自西中門参上著座、北、次内膳官人以下八人舁御台盤二脚、出自東幔門就東階供之、取覆、采女舁之、過東第二間之間、召内竪、二音、唯参上、出居将仰云、大夫達御飯給へ、采女立定御台盤、陪膳采女留著草墪、次内竪立臣下盤、予居箸匕等、次内竪四人取下器東渡於東幔外、受索餅、次供四種、四坏有盖摯子、

次賜臣下、次下器、内竪帰過版位巽角之間、采女供索餅、次給臣下、次御箸鳴、臣応之、次蚫御羹、便撤索餅垸、次供御飯、賜臣下飯、撤索餅、次供内膳司御菜汁物、窪坏物二坏、平盛六坏、汁物二杯、各中盤有盖、前例近代不供汁物、然而今度供之、次供御厨子所御菜汁物、高盛七坏、平盛三坏、御汁物二坏、居一盤、無空土器、次賜臣下菜物汁物、次御箸下、此間酒番著座、不供御四種以前可著歟、臣従之、次供御酒、有盖、居御盤、復酒番賜臣、次下物下器、内竪東渡就東階下、受下物、炊交一坏、堅塩一枚、焼叩鯛堅魚一枚、青菜一枚、已上毎盤敷紙分也、次下器、内竪直就西階昇殿到群卿前分取之間、供御厨子所菓子干物、菓子四坏、干物四坏、居一盤、次給臣下、

次二献、給臣下、次右近将曹、褐衣、開左掖門代、西中門南、、、、次闈司入自同門就版奏勅答、令申與、闈司退入、次中務少輔広綱(源)并丞率陰陽寮暦博士、舁御暦案并辛櫃等、入自同門立版位南、去一許丈、人給立其南、輔広綱独留進就版奏云々、無勅答退入、次闈司二人出自同門参進、舁御暦案、昇自南階立南庇東第三間簀子、闈司退下暫候階下、次内侍進出取御暦莒、経御帳東北奏摂政(藤原師実)、殿下御帳乾角如例、先内侍開莒取御暦、覧了令置左置物机給、次内侍取空莒、自本路進出置案上、次闈司参上、舁案立本所退入、次少納言成宗(源)率内竪、入自西中門舁案并櫃等退出、次闈司奏勅答、令申與、闈司退入、此間堂上供燈、堂下挙炬、次左近衛少将俊忠(藤原)、右近衛少将能俊(源)、左衛門権佐為房(藤原)、

右衛門尉平重房、左兵衛尉平兼季、右兵衛佐経忠（藤原）等、五位著靴、六位帯弓箭著糸鞋、各取簡入自同門就版云々、依上番左府奏之、勅答置介、唯、闈司二人出自弓場殿取簡、次六府退入、闈司昇自東階経東北廂参上付、内侍伝取簡、次六付退入、闈司昇自東階経東北廂参付、内侍伝取奏聞、了返給、内侍二人取左右近各一枚、次三献、給臣下、次左大臣退下於右仗、見々参禄目録、了令持外記参上於軒廊取之、昇自西階参上、内侍摂政覧了返給、大臣降殿、召少納言成宗給見参文、不召弁被存省略也、次上卿退下、次入御、出居将称警、次還御本殿供夕膳、

廿日、壬辰、天晴、今日節会也、未刻参内、申刻以蔵人頭左中弁季仲朝臣（藤原）被仰恩赦事於左大臣（源俊房）、次以同人令奏詔書草、次被奏清書、次以蔵人兼左少弁為房（藤原）被仰大内記在良（菅原）可叙正五位下由於左大臣、次左大臣以頭弁被奏外任奏、酉刻宸儀（堀河天皇）出御南殿、内侍二人候御剱璽、女房八人扈従、已上著簪、纐纈、泥絵、唐衣、裙帯、、、蔵人候式御莒并位記莒等、次蔵人安位記莒於大臣座台盤南頭、次内侍取下名臨西檻、内弁左大臣参進於西階下給之、退帰、著宜陽殿代兀子、次召内豎、二音、内豎参進、内弁宣、式部兵部召セ、内豎退出、次式部丞橘説家、兵部丞藤原知実参上、各給下名退出、次内弁復仗座、次左右近仗陣階下、次宸儀出御帳中、近仗称警、内侍安剱璽於右机、蔵人安式御莒於左机、次内弁驚蹕著兀子、次内侍召人、出自西屏風頭、臨西檻、次内弁謝座昇自西階著座、次右大臣（源顕房）以下著外弁、次近衛開門、次闈司二人出自射場殿、分居西中門左右草墪、次掃部寮立位記案於舞台前東西、式部在東、兵部在西、但式部立二脚、依有上階也、而今度先以立之、次内弁降殿立軒廊、大内記在良取宣命杖奉於内弁、々々取杖昇殿、進西屏風南頭付内侍、々々取宣命覧摂政、了内侍返授内弁、々々降殿返杖於内記、還昇復座、次内弁召内豎、二音、内豎唯参、内弁宣、式兵召セ、次式部輔代一人、丞代二人、兵部輔代一人、丞代一人参進、内弁召式部輔代、参昇殿取位記莒一合退下、授

丞代還昇、又給一合退下、授丞代而立、次召兵部輔代、
参昇殿取位記莒退下授丞代、両省一度置案上、而退下歟、
、、、、
次内弁召舎人、二音、大舎人於承明門外称唯、少納言
公衡（藤原）、小忌、替参著版位、内弁宣、刀祢召セ、公衡称唯、
伝召、次左衛門督（藤原家忠）、左大弁（大江匡房）、已上小忌、右大臣、内大臣（藤原師通）、
民部卿（源経信）、源大納言（師忠）、権大納言（源雅実）、右衛門督（源俊明）、左宰相中将（藤原基忠）、
右大弁（藤原通俊）、新宰相中将（藤原保実）、新宰相（藤原公定）、二位中将（藤原経実）、三位侍従（藤原能実）、
入自西中門参進立標、諸杖共立、次内弁宣、公卿謝座、
次造酒正親業（藤原）授空盞於左衛門督、謝座了昇殿著座、諸
杖居、次二省輔以下率叙人列入立標、諸杖立、次内弁召右
衛門督給宣命、々々使復座、内弁已下、小忌為先、下殿列立、
北上東面、宣命使離列進就宣命版、宣制両段、諸卿毎段再拝、
次宣命使復座、公卿復座、次二省輔召給位記、先式部大輔在業朝臣唱
之、次少輔在良（菅原）唱之、次兵部輔代唱之、叙人給位記了、文武一度拝舞退出、先是二省
退出、丞取莒、掃部撤案、次内弁以下降殿列立拝舞、諸杖不立、公卿復座、
次采女撤御台盤芭把、以御盤二枚撤之、内膳於階受之、次陪膳采女留著

草墪、次采女令史取杖前行、警立版、内膳奉膳以下八
人擎御膳八坏、御四種飩、索餅、餲餬、柱心等皆盛銀器、毎坏居中盤、在盖、次給臣下粉熟、
大膳給之、次御箸鳴、臣下応之、次供鮑御羹、盛銀器、居中盤、有盖、便撤索餅御垸、
次供御飯、便撤餛飩垸、次供進物所菜汁物、窪坏二、高盛三、平盛三、汁物二坏、列居盤、
有盖、皆用銀器、次供御厨子所御菜汁物、高盛八、焼物二、汁物二、皆盛土器、居二盤供之、或居一盤、
次給臣下飯菜汁物、次御箸下、臣下応之、次供黒御
酒、八度用土器、有尻居、次給臣下、次供白御酒、八度、給臣下、
已上拍手、飲之、
次一献、用銀器、在盖、後居、給臣下、酒番給之、唱平々、吹吉野国栖於西中
門外、発歌笛、次二献、酒番勤臣下、次内弁起座奏後、
召左宰相中将、、、、、、檻召之、退復座、次三献、
給群臣、次大哥別当（藤原公定）、源大納言起座、降殿出西中門、
次大哥参進、別当立門内、次内弁奏、了召新宰相、仰
可召大哥別当由、次相公臨南檻召之、即下自西階令近
衛官人告召由、次源大納言参上著座、如出儀、掃部移立床
子於舞台北頭、次大哥参上、就床子、発哥笛、次下小
忌台盤、次舞姫出列立南庇、主殿女官四人秉燭照舞、々

了舞姫退入、不可退出、
次内弁已下降殿拝舞、次内弁降殿、向右杖見参目録
帰参、取杖昇自西階参進、付内弁奏之、即以返給内
弁、、、降殿給杖外記復座、召左宰相中将給宣命、々々
使復座、次召右大弁給見参、大弁降殿、次内弁已下降
立、宣命使就版宣制一段、又一段、宣命使昇殿復座、
次内弁以下昇復座、次宸儀入御、大将称蹕、次公卿退出、
（宮内庁書陵部蔵柳原本朔旦冬至部類）

十二月

二日、甲辰、今日左大臣（源俊房）参右仗、被定申告御元服由伊勢
太神宮奉幣使、
七日、己酉、今日左府右仗奏宣命後、向八省被立伊勢奉
幣使、被定御元服由也、
（内閣文庫蔵中御門本堀河院記、堀河院）
九日、大饗雑事、
行事、為家（高階）朝臣、経成（高階）朝臣、有宗（源）朝臣、高実（源）朝臣、
頼綱（源）朝臣、泰仲（高階）朝臣、孝業朝臣、師平（中原）、知綱（藤原）、
時範（平）、広定（藤原）、
殿上装束所、政所、為家朝臣、経成朝臣、泰仲朝臣、
知綱、時範、
蔵人所、清家（藤原）、清実（源）、盛長（源）、兼遠（橘）、重仲（高階）、
上客料理所、政所、為家朝臣兼、経成朝臣兼、高実朝
臣、頼綱朝臣、知綱兼、
蔵人所、行房（藤原）朝臣、惟信（藤原）、惟輔（藤原）、
出納所、泰仲朝臣兼、孝言（惟宗）朝臣、
益送、
穏床、源大納言（雅実）
酒部所、行事広貞（伴）、
史生饗、敦基（藤原）朝臣、季綱（藤原）朝臣、
使部酒肴、定俊（清原）、祐俊（小槻）、
度殿饗、左衛門督（藤原家忠）、
尊者陪従饗四十前、家明（藤原）、
諸大夫饗六十前、頼仲、伊家（藤原）、

召人衝重十前、
検非違使饗廿前、已上行実(藤原)、
御随身所饗三十前、仲実(藤原)、
尊者雑色饗八十前、伊信(藤原)、経忠(藤原)、
同車副饗廿前、孝範、
同牛養饗、宣基(津守)、行事有宗、敦憲(藤原)、
掃除、経仲(藤原)、兼清、保成(丈部)、
掌燈所、行事高実朝臣兼、業房(源)、
庭燎所、行事孝言朝臣兼、則兼(大江)、
被物所、行事時範兼、盛長兼、
禄所、行事広貞兼、
引出物所、行事行房朝臣兼、行綱(藤原)、

寛治二年十二月九日

長筵、御簾、壁代、四尺屏風、几帳帷、尊者地舗、錦端地舗、尊者東京錦茵、菅円座、公卿地舗高麗縁、同円座紫縁、地舗、尊者青地錦縁、大納言高麗錦、中納言、
長筵、御簾、壁代、几帳帷、四尺屏風、地舗、大臣青地錦縁、大中納言高麗縁、参議同、
茵、東京錦縁、円座、紫縁、青地錦縁、高麗縁、両面端帖、弁少納言座、龍鬢筵青地錦縁帖一、親王座、紫端帖二、一世源氏座、唐絵軟障并綱、被物所綱、庭幔、纐纈幔、酒部所、酒部所火爐、
折敷、黒染漆酒樽、床子、御随身所前纐纈幔、幔門、白木有台、同罐子、二階白木、案一脚、酒盞、瓶子、白瓷四口、青瓷二口、
厚円座、讃岐円座、机、赤木・黒柿、朴、簀薦、燈台、盞、瓶子、
折敷、検非違使床子、史生禄案、折敷高坏、御遊具、
楽器、置物御厨子、（初任大臣大饗雑例、饗所装束事）

九日、辛亥、早旦参殿(藤原師実)、午刻許奉仕御装束、其儀西対、三条殿也、南廂敷満長筵、無□筵、垂南廂東第一間簾、其以西三箇間上御簾、当於東第一間西柱南北行立四尺御屏風一帖、副北障子、更西折立一帖、至第四間更折南北妻立帖、東第二間敷高麗端帖一枚為御座、同第四間敷高麗端帖一枚、南北妻、其上敷高麗縁土敷一枚施東京錦茵為勅使座、申刻勅使左衛門督藤原朝臣(家忠)奉上皇(白河)仰、参上於西中門、先以権少弁為房(藤原)被申事由、殿下出御、次勅使依

気色著座、伝以可令任大相国給　綸言、次右衛門督（源俊明）取白大掛一重、出自西廂南戸簾中、伝献於殿下、々々令授勅使給、次勅使起座降庭、再拝退出、

次殿下御坐同対西面、左大臣（源俊房）直衣、内大臣（藤原師通）、民部卿（源経信）、源大納言（源師忠）、右衛門督、皇后宮権大夫（藤原公実）、左京大夫（藤原公房）、左宰相中将（藤原基忠）、右大弁（藤原通俊）、新宰相中将（藤原保実）、新宰相（藤原公定）被参二棟座、已上束帯、次蔵人権左少弁為房家司、依召参上、奉仰令陰陽助賀茂成平束帯勘日時、十四日丙辰時申、次為房重覧日時勘文、挿書杖、次為房退出、取硯続紙等参進書定文、此間供饌、督殿勤仕之、塗高坏、坏酌数巡之後、供暑預（薯蕷カ）粥、定了為房以定文安折敷上進覧之、覧了返給退出、次入御、次人々退出、

今夕家司職事等参東三条殿始御装束、

次於御随身所始上客料理事訖、

大殿令蒙太政大臣兼宣旨給、同日大饗定、

十四日、丙辰、天晴、今日摂政殿下（藤原師実）令任太政大臣給、依御元服事也、兼日奉仕御装束、其儀寝殿南廂六箇間西廂六箇間、南簀子敷西弘廂四箇間西、南渡殿三箇間、西北渡殿三箇間北西渡殿母屋四箇間、同廂四箇間、西中門北廊五箇間、同廊北遣戸以北四箇間、東対南弘庇五箇間、舗満長筵、撤寝殿南栄燈楼綱、寝殿南身屋五箇間西妻切二箇間懸御簾、其内懸壁代、南廂西第六間東子午鴨柯下、西廂南第二間北卯酉鴨柯下懸御簾、其内懸几帳帷、南廂鴨柯下母屋南西五箇間、西妻切二箇間、西廂鴨柯下并九箇間副御簾、立四尺御屏風十一帖、巻南西両面廂御簾、自南庇西第六間中央、座上除三尺、依可居勧盃之人也、敷青地錦端土敷二枚、無（其カ）下敷土敷、其上施東京錦端茵三枚、茵下敷菅円座、為尊者座、東上南面、件座依永祚寛仁康平之例、一行所被儲之也、従其西絶席四寸許至于同第二間西柱下、敷高麗錦縁土敷五枚、但第二間二行敷之南敷二枚、其上敷紫縁円座四枚、為大納言座、次敷青地錦縁円座四枚、為中納言座、已上南面東上、次敷高麗縁円座三枚、其南土敷上敷同円座四枚、為参議座、東上対座、已上円座下敷菅円座、自同西第一間、坤角間、西戸中央、迄西廂南第二間、敷両面端帖出雲筵、三枚、為弁少納言座、従南廂西第四間東柱下、敷龍鬢筵青地錦縁帖一枚、為垣下親王座、当大納言円座、南簀子

西第一間、当廂西第一間東柱、敷紫端帖一枚、為一世源氏座、逼高欄敷之、西北渡殿西第三間以西三箇間身屋北面並第三間東仮鴨柯下懸御簾、西南面曳、帽額垂之、副其御簾引唐絵軟障四帖、身屋南三箇間及西戸間不懸御簾之、其内舗縁端帖六枚、為外記史座、東上対座、外記著北、史著南座上、其軟障三許尺為録事座也、西中門廊南第二三四間敷紫端帖三枚、為諸大夫座、南上東面、北西渡殿母屋四面並西廂懸御簾、身屋庇西面巻之、身屋敷紫端帖八枚、為殿上人座、二行対座以南為上、西庇遣戸以北二箇間敷紫端帖二枚、為蔵人所座、西中門廊遣戸以北四箇間敷紫端帖、為尊者陪従座、南上対座、東面四箇間并西面南第四間懸紺垂巾、西北渡殿西第四間身屋西辺立四尺屏風二帖、敷高麗端帖一帖為息所、北辺置大壺一口、北座板舗彫穴、寝殿西孫庇戸内二箇間曳綱、東西北三間、為被物所、蔵人所東渡殿為上客料理所、東御随身所四箇間為史生座、二行対座、掃部寮敷黄端帖為其座、其南主殿寮立庭中幔、以近辺小屋為尊者牛飼舎人座、東御倉町南立七丈幄二行、敷帖為使部座、其前立庭幔、其北立五丈幄二行、敷帖為尊者雑色座、已上帖幔等仰所司令勤之、政所為検非違使座、西御随身所為立明官人座、已上用所司帖、西透廊東

頭池畔立纐纈二丈幄、為酒部所、東西為妻、中央立火爐白木有台、其中有鑵子、其東立二階白木案一脚、其上置酒盞並瓶子白瓫四口、青瓫二口、折敷等、火爐西立黒漆酒樽、其南北立床子、寝殿東第一二間並東面懸御簾、為北政所（源麗子）御在所、南面二箇間女房出袖、同東北渡殿南面並東対西面南面、並東対西面南面並東対西面南面、東中門廊西面皆懸簾矣、西透廊東砌、当砌上長押間開幔門、其口開南、西中門西屋前乾角廊前、不開幔門、東中門廊（マヽ）西砌、当中門有幔門、不作以且東西相去五許丈、以西為上手、東御随身所屋前御〔車〕宿前同之、立纐纈幔、未刻殿下令参内給、前駆四位以下廿人、申刻被行節会、左大臣（源俊房）為内弁、内大臣（藤原師通）以下為外弁、右兵衛督（源俊実）為宣命使、節会了参弓場、令奏御慶賀給、酉刻出御土御門里亭、次上達部以下被率参、西門、次主人令降立南階東腋給、次左大臣、内大臣、按察使（藤原実季）、実、民部卿（源経信）、経、源大納言（源師忠）、師、権大納言（源雅実）、雅、治部卿（源俊明）、俊、左衛門督（藤原家忠）、家、左兵衛督（源家賢）、家、皇后宮権大夫（藤原公実）、公、左京大夫（藤原公房）、公、右兵衛督、俊、右宰相中将（藤原基忠）、基、右大弁（藤原通俊）、通、左大弁（大江匡房）、匡、新宰相中将（藤原保実）、保、新宰相（藤原公定）、公、及左中弁季仲（藤原）朝臣、蔵人頭、右中弁基綱（源）朝臣、少納言成宗（源）、公衡（藤原）、知家（藤原）、権

左少弁為房(藤原)、蔵人、(右カ)左少弁重資(源)、大外記師平(中原)、雅仲(三善)、叙爵者未補替、少外記惟宗仲信・中原宗政、権少外記中原時重、左大史祐俊(小槻)・盛仲(小槻)、叙爵者未補替、右大史紀頼任、重俊(中原)、左少史国季(藤原)、国忠(藤原)、右少史親(安倍)〔宗〕・政行(菅野)、出自西幔門列立南庭、公卿一列、弁少納言一列、外記史一列、主客再拝之後、主人尊者揖譲了主人先昇令著親王座給、次左大臣揖、内大臣先昇入自西第一間、暫坐大納言座、此間(右カ)左少将能俊(源)取主人御沓、次内大臣入自同階、暫坐中納言座、次上卿昇自同階、侍坐未定之間、主人移坐西第六間、当第一座、次左馬頭道良(源)朝臣取御円座、出自東方敷之、次立尊者以下机、行房(藤原)朝臣為左府手長、頼綱(源)朝臣為内府手長、赤木机料白面、尊者二脚、居菓子四種、干物生物四種、窪坏物四種、著匕等、納言以下料同机一脚、居菓子二種、干物生物二種、窪坏物二種、著匕等、弁少納言外記同之、但予居之、上達部以上有簀席、毎机下居之、手長取之、此間酒部所人参上、次堂上挙燈、左右近衛官人挙庭燎、次一献、伊与守為家(高階)朝臣取御盞、様器有蓋、後居畳折敷、但持参之時撤蓋、殿下(藤原師実)乍座、令執給、先例起座取之、而依永祚寛仁例、乍座令取給、備中介師頼(源)取瓶子、即令擬尊者左府給、次居主人前机、同納言机手長、有家(藤原)朝臣與五位一人舁之、居物如納言、無簀席、流盃至于弁座之間、散位行綱(藤原)勧外記史座、次二献、二位中将(藤原経実)勧盃左府、予取杓、散位惟信勧上官、次居粉熟、尊者主人手長如初、清家(藤原)為大納言手長、季仲(藤原)為中納言手長、以綱(橘)、行実(藤原)為宰相手長、尊者主人料別居汁、納言以下料入汁、此間検非違使出居、次三献、右中将仲実朝臣勧尊者、越前守清実(源)勧上官、次居飯汁、汁鱠加実雉焼物、次四献、新宰相勧主人、散位業房(源)勧上官、自此度上客料理所献盃春日盃、次居雉羹、加生蚫、次五献、左兵衛督勧主人、宮内少輔仲実(藤原)勧上官、羞菓子、枝柿、蘇、甘栗、次太皇太后宮権亮道時(源)朝臣、右少将能俊(源)、蔵人、太皇太后宮大進知綱(藤原)、散位敦憲(藤原)等参進南栄、奉仰之後、道時朝臣、能俊向弁官座、諸大夫二人執円座敷之、当弁座前、知綱、敦憲向上官座、諸大夫予舗円座、座上敷之、此間舁立史生之禄案於南庭、積布、家令主計助広貞(伴)唱之、下家司頒之、官外記史生各三端、官掌召使各三端、次舗円座於南簀子、予撤一世源氏座、次移坐穏座、次居肴物、尊者主人御料高坏三本、自余二本、用絵折敷、源大納言被儲之、刑部卿政長(源)朝臣、右少将宗通(藤原)朝臣、侍従宗忠(藤原)、右中弁基綱朝臣等依召参上進候、依堪絃歌也、次地下召人散位孝清(藤原)、兵庫頭知定(藤原)、兵部丞橘章定、図書助藤原経忠、左兵衛尉源成綱等参進、候于南階前砌、予掃部官人舗黄端帖、為其座、次置御遊具於堂上、次右大弁勧盃、左少将家輔(藤原)取杓、次民部卿勤盃、左少将俊忠(藤原)取杓、次羞芋粥、此間賜衝重於召人、衛府役之、前伊勢守良綱(藤原)為勧盃、民部卿取拍子、堂上堂下給内、合聲、次賜外記史禄、五位赤衾一帖、六位外記白絹各一疋、六位史黄絹、諸大夫取之、次賜弁少納言禄、赤衾各二帖、諸大夫取之、次弁少納言外記史等下立一揖退出、次宰相禄、鳥子重褂一重、但四位参議赤褂一領、殿上人取之、次中納言禄、白大褂一重、殿上人取之、次大納言禄、白褂一重、殿上人取之、次尊者禄、白大褂一重者、加蒲萄染織物褂一重云々、自西第七間西面、自簾中被出之、左府御料源大納言取之、内府御料頭中将(源雅俊)取之、上卿可被取歟、次召人禄、白褂各一領五位取之、次引出物左府御馬二匹、内府一匹、襱如例、亥刻事了、先是賜立明官人並内府御随身腰差、散位経(平)方、友範等向史生座勤盃云々、次渡御東対南庇、職事弁官并家司等各申吉書如例、次還御三条殿、

十四日、令任太政大臣給、依御元服也、節会了、参弓場殿令奏御慶賀給、酉刻出御于里第有大饗事、了申方〻吉書如例、

十六日、戊午、今日殿下令参院(白河)給、先令申太后(藤原寛子)御方給、内府、源大納言(師忠)、権大納言(源雅実)、治部卿(源俊明)、左衛門督(藤原家忠)、皇后(藤原公実)宮権大夫、右兵衛督(源俊実)、左(右カ)宰相中将(藤原基忠)、右大弁(藤原通俊)、左大弁(大江匡房)、新宰相中将(藤原保実)、新宰相(藤原公定)被扈従、殿上人廿余人、及家司職事皆参為前駈、左右将監将曹各一人為仮御随身、本御随身如例、但府生以上束帯、従西門入御、治部卿被奏事由、次進出西対南庭令舞踏給、次参御々前、次令参前斎宮(媞子内親王)給、有御贈物、且(亦カ)有御随身腰差等、

次殿上、出御殿上、左大臣(源俊房)、内大臣、按察使(藤原実季)以下於殿上有行幸定、左大弁為執筆、次令参内給、有御元服定、左大臣以於陣座被行之、

十七日、己未、参殿、申刻内府(藤原師実)、民部卿(源経信)、左衛門督(藤原家忠)、左兵衛督(源家賢)被参、出御対西面被定正月大饗事、権左少弁為房(藤原)奉仰令勘申日時、道言(賀茂)、勤之、次為房書定文、今日被補御冠師、

(内閣文庫蔵中御門本任槐大饗部類記)

十九日、辛酉、今日被立告御元服由山陵使云々、

廿一日、癸亥、早旦参殿、今日勧学院衆可参賀、仍奉仕御装束、其儀西中門廊舗満長筵二行、対座舗紫端帖八枚居饗饌、机十八前、机上下立燈台、戌刻氏院別当弾正忠俊(橘)基、文章生以下十余人参上、御随身挙庭燎、権左少弁為(房脱カ)申見参、次俊基以下進出南庭再拝、了著座、知院事以下著〔政所〕有饗、一献、治部卿(源俊明)、皇后宮権大夫(藤原公実)、二献、右兵衛督(藤原俊実)、二位中将(藤原経実)、三献、右大弁(藤原通俊)、左大弁(大江匡房)、次居汁物、次朗詠、次四献、美乃守公俊朝臣(高階)、左京権大夫敦基朝臣(藤原)、故人、次五献、太皇

太后宮権亮道時（源）朝臣、左（右カ）少将顕実（藤原）朝臣、次居御飯、次撤饗、次賜禄、匹絹、諸大夫以下取之、
事了各以退出、禄法在別、見去年記、
先是、権左少弁為房奉仰、令主計頭道言（賀茂）勘申可被造立
御倚子日時、廿五日丁卯時、次召大外記師平（中原）下給之、次召
右中弁基綱、被仰可召倚子料物之由、
廿五日、丁卯、夘刻家司掃部頭孝言（惟宗）朝臣向木工寮令作御
倚子、酉刻立之、先官庁、次外記庁、午刻許人々参東
三条殿、始上客料理之事、今夕於御直廬被行除目、其
儀如例、左内両府已下被参、右大弁為執筆、夜半事了、
即雖可被行下名、宰相皆以退出、仍延引、了依任事外
記宗政（中原）恐申云々、
廿七日、戊辰（己巳）、早旦参殿、依興福寺、法成寺僧徒可参賀、
令奉仕御装束、其儀西対南庇敷満長筵、立四尺屏風、
迫屏風自東第一間中央、敷高麗端帖三枚、其上敷高麗
端土敷、施紫錦縁円座四枚、為僧都法眼座、敷高麗縁
円座二枚、為律師座、其次敷紫帖一枚、為已講座、東
第一間南端舗菅円座、為御座、蔵人所障子上四箇間北
面撤垂布懸御簾、舗紫端帖六枚、二行対面、為五師得業座、
申刻興福寺僧綱以下廿一人参賀、伊与守為家朝臣申事
由、次出御、束帯、僧侶参上著座、先是内大臣、民部卿、
権大納言（源雅実）、治部卿、右（左カ）衛門督（藤原家忠）、大蔵卿（藤原長房）、左京大夫（藤原公房）、左（右カ）宰
相中将（藤原基忠）、右大弁、二位中将被祗候、二棟、御対面後賜禄
有差、僧綱大褂一領、但権別当済尋賜一重、殿上人取之、已講褂一重、諸大夫取之、五師得業匹絹、□取之、次僧侶
退下、参入僧綱、権少僧都維懐、永超、済尋、法眼懐真、権律師隆禅、貞禅、已講五師得業合二十一人、
頃之法成寺僧徒参上、先是撤座上円座一枚、敷東京錦
茵為長吏大僧正座、為家朝臣申事由、即以出御、次大
僧正以下著座、次大僧正御禄、浦萄染織物褂一重、
左衛門督（家忠）取之、僧綱以下賜禄有差、僧綱白褂一領、殿上人取之、二会已講〔褂〕一
重、所司匹絹、無引出物、或有之、次大僧正以下令退出給、参上僧
綱、大僧正良意、大僧都慶朝、権律師明実、円禅、良意〔マヽ〕、法橋覚猷等、
令参、
（内閣文庫蔵中御門本堀河院記、堀河院）
廿八日、己巳、今日於内裏有御元服習礼事、殿下（藤原師実）、左府（源俊房）
寛治二年入道殿（藤原忠実）為少将時、小舎人童持之由、見時範記、

（台記別記久寿二年四月二十日条）

寛治三年

正月

五日、外弁右大臣（源顕房）、内大臣（藤原師通）、民部卿（源経信）、源大納言（師忠）、権大納言（源雅実）、右衛門督（源俊明）、左衛門督（藤原家忠）、大蔵卿（藤原長房）、右兵衛督（源俊実）、左宰相中将（藤原基忠）、右大弁（藤原通俊）、左大弁（大江匡房）、新宰相中将（藤原保実）、皇后宮権大夫（藤原公実）参上、入自東中門立於標、内弁降殿加列、采女撤御台盤帊、陪膳采女留著草墪、餅磨〔マヽ〕、次上寿者民部卿源朝臣生年七十四、離列参進、昇自南階、経簀子入自西第二間、当御酒台前北面而立、次采女一人進出、就御酒台下取御酒盞、銀器用例、節会御酒盃予安御酒台上也、以銀杓酌御酒、盛御盃授上寿、上寿進御前授陪膳采女、々々々々受盃進置御前、上寿跪南廂取笏、北面奏曰云々、上寿起免〔俛〕伏再拝、群臣共再拝了、上寿者跪、采女進献御盃、主上（堀河天皇）令聞酒給、陪膳采女進受盃授采女、受盃置酒台上退、上寿下就本列、群臣共舞踏、三度称万歳、

（群書類従本主上御元服上寿作法抄）

寛治四年

九月

廿一日、今日為殿下（藤原師実）御使参院（白河）、令申云、法橋覚猷作于長〔候〕日如意輪法、依外祖母服辞退、申替可召権律師範慶（慶範歟）、又権少僧都良意申姑喪假之由、尊勝御修法勤否之条如〔兼不令修イ〕何、〔依脱カ〕御物忌、於門外以行実（藤原）令申事由、御返報云、覚猷替可召範慶、良意假之間、以手替令勤仕〔修イ〕何事在哉、

（門葉記三十一・群言鈔十一・修法要抄雑例）

卅日、参殿下、次云、大内長日不動御修法可召定円、又延命法、来六日可召仁豪律師者、

（門葉記、三十一）

寛治五年

正月

六日、直廬儀丙寅、今日有叙位議〔儀〕、昨日依御衰日、不被行之、早旦参御直曹、奏申文等、午刻頭弁（藤原季仲）被参、被奏申文之後、於御直廬択之、家司左少弁為房（藤原）相副祗候、択畢付小短冊、盛御硯莒蓋、先是令蔵人左衛門尉成実（藤原）書目録、件成実一﨟也、雖可預爵、依前例預之、頭弁被進覧之、前伯耆守行実被定功課、叙一階、申文被択入、不可然之由、被各仰之、次奉仕御装束如例、酉刻内大臣（藤原師通）以下被参左仗、以頭弁今日可被行叙位之由、被仰内大臣、次下官奉仰召群卿（時範）、其詞云、人々此方参、内府令著外座給、仍著膝突仰之、次内大臣、民部卿（源経信）、源大納言（源雅実）、□□□□（権大納言カ）、〔左〕□衛門督（藤原家忠）、皇后宮権大夫（藤原公実）、左兵衛督（源俊実）、右大弁（藤原通俊）、左大弁（大江匡房）、新宰相中将（藤原保実）、皇太后宮権太〔大〕夫（藤原公定）参上著座、次右中弁師頼（源）朝臣、権左〔中〕少弁基綱（源）朝臣、右少弁重資（源）取莒文、次右大弁依気色著座、為執筆、次執筆召下官、参上、召続紙、退出取続紙二巻、置柳莒、於簀子献執筆、頃之執筆召基綱朝臣、令召諸宮御申文、先是行事蔵人永実（藤原）取集□□御〔マヽ〕御申文、十三所之中、八ケ所見進、残所々自此基綱朝臣持参献執筆、次召弁、重資、召功課、文畢、〔マヽ〕伯耆国衣〔前〕司行実、弁二人持参之、左大弁読之、民部卿被定之、先是居火櫃並饌如件、諸大夫益送、次召下官、参上、執筆仰云、令進入内一加階勘文、退出、仰外記令注之、授予、々持参献執筆、不入柳莒、亥刻叙位畢執筆奏之、退出、次上卿納言以下、退出、被候東座、次治部卿（源俊明）依召参上、給叙位退出、於東座開見之、次入御、次治部卿向左仗座、行入眼事、次殿下出御、被仰頭弁、不可有内覧之由、可仰上卿者、頃之上卿就御所辺奏白紙位記、蔵人永実、有殿等〔政〕奏之、還出仰云、令請印、々々之後重参被奏、仰云、令次第之後重参、被奏留御所、仰聞食、位記莒有二合、式部、兵部、莒三著下名云々、

（夕拝部類、叙位議）

三月

十四日、〔可見本記〕癸酉、今夕被始行六観音御修法、以東三条殿北対並〔西〕面北渡殿、為〔西イ〕蔵人所廊、為壇所、件御仏等身、〔躰イ〕去年

被奉造立、子刻被始御修法、毎壇以阿闍梨所被開眼也、
即刻被始御修法、件日時頭弁、〔被〕奏下、下官向壇所、仰御願趣、
聖観音、法印仁源、　千手、法眼長覚、
馬頭、律師勝覚、　十一面、小〔少〕僧都林豪、
准胝、小〔少〕僧都経範、　如意、大、律師俊覚、
仏次第如此、以西〔為イ〕向始奉居之南向、但至于阿闍梨、無〔无イ〕次第、依便宜所被定也、（修法要抄雑例）

寛治六年

正月

五日、戊子、天晴、辰刻参殿、申々文等、午刻参内、頭弁（藤原季仲）被参会、於御直廬択申文、未刻殿下（藤原師実）令参給、申刻主上（堀河）渡御宮（篤子内親王）御方、左近中将国信（源）朝臣候御剱、頃之還御、御直廬御装束如例、此間左大臣（源俊房）以下被参右仗、蔵人頭季仲朝臣仰召仰事於左大臣、酉刻殿下出御召下官（時範）、令召諸卿、下官向右仗伝御消息於左府、次左大臣、内大臣（藤原師通）、民部卿（源経信）、源大納言（源師忠）、中宮大夫（源雅実）、新大納言（藤原家忠）、治部卿（源俊明）、左兵衛督（源俊実）、大蔵卿（藤原長房）、左大弁（大江匡房）、皇太后宮権大夫（藤原公定）参上著座、右中弁師頼（源）朝臣、権左中弁基綱（源）朝臣、左少弁為房（藤原）取莒文、次左大弁依召著執筆座、次執筆召人、下官参上、奉迎退出、持参続紙、二巻、各八枚許、盛柳莒、奉執筆畢、被叙一両人、次執筆召基綱朝臣、令召院宮御申文、基綱朝臣取集持参之、次召諸国文、畢先参議座前立切燈台、次弁官持参文□莒二合、大蔵卿読之、次因幡、隆時（藤原）、次加賀、家道（藤原）、亥刻叙位畢、執筆退出、次納言以下退出西座、次召左兵衛督（源俊実）賜叙位、即於西座披之、□□□〔次左・内カ〕大臣退出、次左兵衛督、大蔵卿向右仗被行入眼事、次殿下出御、上卿参弓場、付蔵人被奏位記、三ヶ度、有仰蔵人不持参殿下直下之、仰詞如例、今日下官宿〔侍脱カ〕、（夕拝部類、叙位儀）

二月

三日、丙辰、自今夕阿闍梨行勝勤修尊勝御修法、少僧都良意依勤修于五十日辞退申替、

五月

廿日、壬寅、今夕権大僧都良真意勤修一字金輪御修法、公家御祈、触穢之間、可有憚否之由、且問良意、且尋前例所被始行也、

九月

廿四日、甲辰、権大僧都良真引率六口伴僧、勤修白傘蓋仏頂公家御祈〔所イ〕、

（宮内庁書陵部蔵柳原本修法要抄雑例）

寛治七年

正月

五日、癸未、早旦著束帯参殿、午刻殿下(藤原師実)令参内給、可有叙位議(儀)也、於南弘庇頭弁(藤原季仲)被内覧申文等、次下官(時範)進内覧申文、次奏覧、畢於書御座披之、取目録、申文等盛御硯莒蓋、申刻令奉仕御装束、一加除目儀、見去年正月記此間内大臣(藤原師通)令参右仗給、頭弁奉仰、々可被行叙位議之由、及于昏黒、供御燈、次頭弁奉仰、令蔵人典薬助(藤原)為宣召群卿、次殿下出御殿上、次内大臣以下相率参上弓場殿、先令立蔀内、内大臣先令昇殿上給、次殿下、内府令参御前給、著大臣座(両面端)給、内府令居給南方板敷給〔衍カ〕、次源大納言(師忠)、中宮大夫(源雅実)、治部卿(源俊明)取莒文、参進置御前、次著座、次依天気殿下起座、令著御前円座給、内府令下簀子給、納言以下起座、次内府依殿下御気色、令著御前円座給、先令著最末円座給、次移坐第一円座、次勅仰之後召人、蔵人兵部大輔通輔(藤原)参上、候執筆座後簀子、召続紙、通輔帰出持参続紙、紙屋紙続八枚二巻、置柳莒一合取之、先候執筆座後簀子、依気色、入自当間、就執筆座後、右方献之、取空莒退帰、次被叙始之後、執筆召右大弁(藤原通俊)、被仰可召院宮御申文之由、大丞於殿上取集御申文等被持参、先是居火櫃、次居衝重、此間民部卿(源経信)召左少弁重資(源)、被召諸国文書、肥後、飛驒、次召切燈台、宰相座前立之、右中弁師頼朝臣(源)、左少弁重資持参硯并文書、左大弁(大江匡房)読肥後国帳、前司実宗(藤原)、至于交替欠条、注載以国司公廨塡納之由、民部卿被難云、西海道以公廨不可塡交替欠之由、有起請官符者、仍以弁被尋問官、

申云、雖有起請官符、近代如此、仍為流例者、上卿被奏事由、依近例可被裁許者、読畢定文、皇太后宮権大夫公定(藤原)卿書也、云封租抄、左大弁難云、西海道無封戸、不可有対(封)租抄者、仍停之、被書改畢、執筆召頭弁、被仰可召入内一加階勘文之由、即以被持参、不安柳莒、次右大弁読飛驒国帳、前司久実(紀)、帳面作塡交替欠之由、民部卿被難云、彼国式解由国也、然者不可有交替欠者、召弁被尋官、申云、帳失錯者、仍不被読畢、子刻叙位畢奏聞、次執筆召右衛門督(藤原公実)給叙位、於御前給歟、慥不見其儀、右衛門督於殿上被披叙位、次公卿退出、殿下出御、右衛門督於右仗被行入眼事、頃之参弓場辺、令下官奏白紙位記、納言三合下官并六位蔵人二人取之、奏聞畢返給、仰云、令請印、次請印畢被覆奏、仰云、令次第、々々之後覆奏、式部一、二、兵部有結緒、式一、兵莒三、各差下文、奏聞之後留御所、今夕下官宿侍、

(夕拝部類、叙位儀)

十一日、己丑、今日候内、及于深更、来十九日中宮(媞子内親王)可令蒙院号宣旨給之由、予有議定、先令候始殿上台盤簡等、大夫(源雅実)奉仰、於法勝寺奉之、参宮召亮為家(高階)朝臣下知之、今夕宿、

内裏儀

十九日、丁酉、天晴、未刻殿下令参内給、左内両府(源俊房・藤原師通)、民部卿(源経信)、源大納言(師忠)、中宮大夫(源雅実)、新大納言(藤原家忠)、治部卿(源俊明)、左衛門督(源家賢)、右衛門督(藤原公実)、中納言中将(藤原忠実)、新中納言(藤原基忠)、右宰相中将(藤原経実)、太宰大弐(藤原長房)、右大弁(藤原通俊)、左大弁(大江匡房)、皇太后宮権大夫(藤原公定)、右兵衛督(源雅俊)参著右仗、殿下出御殿上、以蔵人頭左中弁季仲(藤原)朝臣、

中宮停后位可奉称院号事

被仰左大臣云、今日中宮停后位可奉称院号、其間雑事

或奉称郁芳門議、或可奉称六条院僉議旁分事

庶事可准陽明門院事陽明門院例

可令定申者、僉議旁分、或申奉称郁芳門院、或申奉称

依上東門院例被行事

六条院、且庶事可准陽明門院(禎子内親王)例、被問大外記定俊(清原)、申云、陽明門院例依上東門院(藤原彰子)例被行、即以頭弁被奏聞、先申殿下、次奏聞之、次以同人被申太上皇(白河)、頭

停中宮職可奉称郁芳門院

弁帰参令奏御消息旨、次以頭弁被仰左大臣云、停中宮職可奉称郁芳門院、宜以進為判官代、以属為主典代、

宜以進為判官代、以属為主典代、年官年爵御季御服御封雑物如旧

亦年官年爵、御季御服、御封雑物如旧、但内膳司御飯

但内膳御飯可停止事

可従停止者、次左大臣召大外記定俊(清原)、被仰下院号並年

召大外記定俊並左中弁季仲朝臣仰件由事

官年爵事、次召左中弁季仲朝臣、被仰御季御服、御封雑物、内膳司御飯等事、季仲朝臣退出、召左大史祐俊(小槻)

本所儀

仰之、依先例無御使、申刻殿下令参新院(媞子内親王)給、次左大臣以下被率参、右大臣(源顕房)、左兵衛督(源俊実)、三位侍従(藤原能実)被参会此院、先是二棟廊南方六箇間

御装束儲饗饌儀
敷満長筵、東北南方懸御簾、立四尺御屏風、其内二行
対座敷高麗端帖為公卿座、以西為上、殿下御座在奥、施東京茵立黒柿机廿二前、殿下御料机與
大臣机絶席、大臣机文與〔マヽ〕納言机文廿二席、饗饌色目同臨時容儀、予以居飯、無粉熟、不被儲殿上人座、殿下令著座給、
此間依臨昏黒、供御燈、次左右内三府以下令著座給、
先補院司一人
次殿下召亮（高階）為家朝臣被仰云、為別当由、為家朝臣降自
南腋階拝舞、還昇而候、重被仰云、権大納言源朝臣（雅実）、
次被仰自余院司
権大納言藤原朝臣、家（家忠）新加、右近中将藤原朝臣（経実）、権大夫、師隆（源）
朝臣、権亮、可為別当、行実（源）、権大進、俊兼（源）、少進、可為判官
代、下官依為権大進、可為判官代之由、雖被仰下、当時五品侍中兼帯判官代、先例不明、仍被停之、家国（大江）、義経（中原）、
不待仰撤火炬屋事
佐伯貞義、已上属、可為主典代、此間炬（火脱カ）屋可令撤去、而所
司未被仰下以前、無音撤之、不可為例、左右兵衛啓陣、
左兵衛啓陣尉以下并主殿官人以下采女々史諸司女官等賜禄事
尉以下并主殿官人以下采女女史諸司女官等賜禄有差、
大外記定俊左大史祐俊等持参宣旨事
此間大外記定俊、左大史祐俊等持参宣旨書、別当為家
朝臣先申殿下、仰判官代俊兼、以件宣旨書令賜庁、不居賜之、
次一献、近江守為家朝臣献御盃於殿下、判官代行実取瓶子、次二献、右大弁為勧盃、蔵人兵部大輔通輔（藤原）取瓶子、
羞汁物、為家朝臣為殿下手長、前美濃守行房（藤原）朝臣、美濃守公俊（高階）朝臣、散位能延（高階）、為三大臣手長、五位大夫為納言以下手長、
依未被始、殿上地下大夫勧仕雑役云々、次三献、新中納言勧之、少納言成宗（源）取瓶子、羞汁物、次羞菓
子、次日著薯蕷粥、次公卿退出、
殿下并為一院（白河）司之輩、被率参一院御方、依可有春日詣
定也云々、院司公卿以下申慶賀、別当為家朝臣啓之、次判官代等率
東三条院上東門院令蒙院号給日有御遁世事（藤原詮子）
諸大夫、令撤大床子等畢、東三条院、上東門院、令蒙院
仍不被儲饗饌歟事
号宣旨給之日、有御遁世事、仍不被儲饗饌歟、陽明門
陽明門院御時被儲饌由不分明、然而彼時有饗由間有説事
院御時被儲饌由、不分明、然而彼時彼且〔マヽ〕日有饗之由、
今度有新儀三ヶ日設饗事
間有其説云々、仍今度有新議、三箇日設饗、女房出袖、
宣旨書等外記宣旨二枚
紅薄様重、至于殿上、依彼三代例、後日可被始者、外記宣旨
宣旨三枚
書二枚、一枚停后位奉称院号、以進属可為判官代主典代、一枚年官爵如旧、官宣旨書三枚、一枚御季
件宣旨書上東門院并陽明門院外記史持参之由不分明事
御服如旧、一枚御封雑物如旧、一枚内膳司御飯可被停止、件宣旨書、上東門院並陽明門
院、外記史持参之由不分明、仍先以為家朝臣被問祐俊
祐俊申云持参之由有所見事
之処、申云、持参之由有所見、然則不被啓件文、候判
上東門院御時被加御封二百戸
官代、伝取令下庁也、上東門院御時被加御封二百戸
陽明門院御時無此事、今日又無其沙汰事
云々、而陽明門院御時無此事、今日亦無其沙汰、追可
被仰歟、可尋、
第二日　公卿座饗膳如昨日事
廿日、戊戌、申刻参郁芳門院（媞子内親王）、儲公卿座并饗饌如昨、左
右内三相府、大納言三人、源大納言（師忠）、元大夫（源雅実）、新大納言（藤原家忠）、中納言六人、治部

卿、左衛門督、右衛門督、中納言中将、別当、新中納言、宰相六人、右宰相中将、右大弁、左大弁、皇太后宮(藤原仲実)権大夫、右兵衛督、新宰相中将、(源俊実)三位侍従参上、一献、四位大夫一人献盃、羞汁物、次二献、皇太后宮権大夫為勧盃、下官取瓶子、次重羞汁物、次三献、右衛門督為勧盃、少納言成宗取杓、次居菓子、薯蕷粥事畢人々退出、入夜参内宿侍、

第三日

廿一日、己亥、申刻退出、参新院、設座并饌如昨、左右内相府已下参会、如作、一献、次羞汁物、二献、新宰相中将勧之、蔵人兵部大輔通輔取杓、重居汁物、次三献、(源俊実)左兵衛督勧之、少納言成宗取杓、

殿上始

廿五日、癸卯、天霽、早旦参殿、次参内、午刻参郁芳門院、今日依可被始殿上也、申刻殿下参御、別当近江守

令道言朝臣勘申殿上始日時事

為家朝臣奉仰、令主計頭道言(賀茂)朝臣勘申日時、今日癸卯時、先覧殿下、次奏院、次啓了下主典代家国、先是寝殿東二棟廊、南面、従西第一二間懸御簾、立御几帳、立御障子為隔、従第三間以東五ヶ間為殿上、南面御簾撤之、北面懸御簾如元、其内敷満長筵二行、対座敷紫端帖、以西為上、東端座末横切鋪之、立台盤三脚、一脚四尺、在上絶席、二脚八尺連立、其東居炭櫃二口、艮角立日給辛櫃、東妻切立御障子為隔、南端開之、為往反路、東庇三箇間為下侍、放東面御簾二行対座、為紫端疊、東中門東廊為主殿司宿、殿上台盤居饗膳、庁儲之、居交盛朱染合子飯、依主殿司未参口、以侍会居〔マヽ〕毛、万寿例、先居合子飯并土器菜等、公卿著座之後、居交土器饗云々、違今日儀、此間殿下令参院御方給、別当大納言、元大夫、同被候御前、被定昇殿并蔵人

被定昇殿并蔵人等別当大納言書之事

等、大納言書之、次殿下出御院殿上、権大納言元大夫、召別当近江守為家朝臣被下之、下給件文、為家朝臣退帰、召主典

令書簡並袋銘事

代下之、□召主殿頭公経(藤原)朝臣、令書簡并袋銘、令散位(惟宗)基親令書簡、簡書様如大内殿上簡、四位五位六位三堺也、有裏、番其下方書年号、外任之人付裏、別当判官代宗任〔マヽ〕也、但雖外任為別当〔當〕判官代之人在面、但六位蔵人在五位列、酉刻左大臣、右大臣、内大臣、両源大納言、(師実・雅実)新大納言、(藤原家忠)治部卿、左衛門督、右衛門督、中納言中将、左兵衛督、新中納言、右宰相中将、左大弁、右大弁、皇太后宮権大夫、右兵衛督、三位侍従、新宰相中将著殿上座、殿上人一両候于座末、先是殿下出御、萬寿宇治殿(藤原頼通)著御直衣、令著饗饌給、然而今日殿下著御日装束不令著饗給出御、可令三品宮給之故歟、一両巡之後、無勧盃、殿上五位六位為益送、五位一人折敷居盃持参之、用茶垸瓶子、居汁物、次三献、左兵衛督為勧益〔マヽ〕、居菓子、薯蕷粥事畢公卿退出、此間立殿上簡、令蔵人掃部助高階遠実日給、件簡事、源蔵人(惟清)取之、令覧御前之後、可立歟、今度不然云々、次昇殿人等、

昇殿人申慶賀拝舞事

於下侍東庭令判官代俊兼啓慶賀、拝舞畢昇殿、次殿上

侍臣等著台盤、盃饌之儀如例、
簡袋銘并年月可被書改事
以侍所為蔵人所、簡袋銘并年月可被書改歟如何、今
日無其沙汰云々、
以北築垣内、北門西腋、為御蔵小舎人座、立白木台盤居飯云也、
殿上人以下昇殿人云〔者〕、四位十七人、五位十一人、六位四人、已上卅二人、修理大夫
俊綱（橘）朝臣、内蔵頭師信（藤原）朝臣、近江守為家朝臣、伊与守
雖外任依別当付面依外任　依外任付裏　□裏
顕季（藤原）朝臣、左中弁季〔仲脱カ〕（藤原）朝臣、丹波守顕仲（源）朝臣、右中弁師
頼朝臣、木工頭隆宗（藤原）朝臣、右〔左カ〕近中将宗通（藤原）朝臣、左近中
将国信（源）朝臣、右近少将顕雅（源）朝臣、侍従宗忠（藤原）朝臣、右近
少将顕実（藤原）朝臣、右近少将有家（藤原）朝臣、左近少将俊忠（藤原）朝臣、
右近少将能俊（源）朝臣、散位師隆朝臣別当、已上四位、左少弁重資、
兵部権大輔通輔、勘解由次官時範、散位行実、判官代、散位
季房（源）、左近少将忠教（藤原）、侍従顕通（源）、侍従実隆（藤原）、治部少輔
能仲（藤原）、散位為遠（高階）、散位俊兼判官代、已上五位、左兵衛尉藤知信六位蔵人、
蔵人
能遠朝臣〔子脱カ〕
掃部助高階遠実、蔭子藤原家保顕季朝臣、
蔭孫藤原盛輔、盛実子、殿下令挙申給、

主殿司六人、大玄、連歌、美作、少主殿、二郎、千鳥、
郁芳門院御蔵小舎人、員数可尋、

二月

御入内事
十日、丁巳、天霽、早旦参内、申刻退出、入夜参郁芳門院、
今夕院号之後始所入御内也、院司参上、奉仕御所御装
束、以寝殿西北渡殿為御所、以同北西渡殿為台盤所、
以北対東妻為殿上、以官侍為侍所、自余不能委記、晩
勘申御幸日時
頭別当近江守為家朝臣、奉仰令勘申御幸日時、戌刻寄
御車唐車、於南階、次大炊頭光平（賀茂）奉仕御反閇、殿下右内
両府已下令扈従給、納言以下騎馬前駈、院御車副二人
奉仕御牛、庁官等副御車、以檳榔毛為出車、殿下令著
無輦車宣旨
宿袍給、以下皆著束帯、殿上人挙炬、自東洞院大路北
上東門院院々号後始入給無之事
行、自二条大路西折而行入御北陣、無輦車宣旨、上東門院々号
之後始令入内給、無之云々、寄御車於御所渡殿北面、次人々退出、頃之
御幸以前被定一院并新院々司昇殿
主上渡御、御直衣、殿上人候脂燭、俄頃還御畢、御幸以前被
定一院（白河）並新院（媞子内親王）々司昇殿、

一院

判官代（藤原）基隆

昇殿、師隆朝臣、（源）雅隆、（源）仲（仲清）宗子、（源）盛（家時）長子、

新院

別当、（源俊明）治部卿、（源俊実）左兵衛督、（源雅俊）右兵衛督、（藤原）師信朝臣、（藤原）顕季朝臣、（藤原）宗通朝臣、（源）顕雅朝臣、

別納別当（藤原）季房、侍所別当、（源）顕通、

昇殿、藤原輔明、

十二日、己未、勧賞事殿下参内給、依新院可出御也、先以頭弁

被仰勧賞事於内府、正五位下藤原忠教、源顕通、

（内閣文庫蔵院号定部類記、郁芳門院）

三月

十三日、庚寅、被始行五壇御修法、以北対殿御直廬母屋

并北庇為壇所、始自西庇東行五ヶ間為壇所、南向安置御仏、二間金銅像奉安花机、奉安

置御仏次第、南面之儀、北面之時准可知之、

中央安不動　不動東安降三世　不動西安軍荼利軍荼

利西安大威徳

降三世東安金剛夜叉

（修法要抄雑例）

六月

十日、丙辰、今夕太皇太后（藤原寛子）宮可令渡御大炊殿、仍為奉仕

前駈也、先是殿下（藤原師実）有御贈物云々、戌刻太后渡御、内府（藤原師通）、

権大納言（源雅実）、中宮大夫（源師忠）、治部卿（源俊明）、右衛門督（藤原公実）、中納言殿（藤原忠実）、

二位中将（藤原経実）、右兵衛督（源雅俊）被扈従、入御自大炊殿東門、先是

祭門庭敷五穀了、渡御之後牽黄牛、近衛官人牽之、次退出、今

夜前駈衣冠、非行啓之儀、

（宮内庁書陵部蔵伏見宮本諸院宮御移徙部類記）

八月

九日、甲寅、今夕千手、聖観音、馬頭、不空羂索、如意

輪御修法結願、但十一面御修法貞尋奉修之、〔ナシ　イ〕延行畢、

（修法要抄雑例）

十月

二日、丙午、下官（時範）重出陣、仰上卿云、明日太上天皇（白河）、郁芳門院（媞子内親王）日吉社仁可幸給久、諸司仁令召仰與、次上卿先召弁（藤原）有信、仰之、次召外記仰之、

三日、丁未、天晴、今日太上天皇、郁芳門院令参日吉社給、于時御六条殿、午刻上皇御于寝殿御簾内、関白（藤原師實）、左大臣（源俊房）、内大臣（藤原師通）以下候于簀子、次前掃二人、御幣、神宝、御祓物、神馬、小使、已上一院、次女院御幣、神宝、神馬、次第一如先、次舞人、

左近中将（源）国信朝臣　右近少将（源）顕雅朝臣

侍従（藤原）宗忠朝臣　左近少将（藤原）俊忠朝臣

右兵衛佐（源）行宗　侍従（源）顕通

右近少将（藤原）宗輔　左兵衛佐（源）師時

右近将監藤原季安、一院判官代、右兵衛尉（藤原）永実、内蔵人、

各率〔陪カ〕将従上臈為先、渡大路之時、下臈為先、但永実不渡、看督長、火長、調度懸等、各騎御馬、依次而渡、次主殿寮立庭幔、次左右近将監以下相分陣列南庭、次左少将（源）有賢、右少将（源）能俊朝臣前行、輦女院御車於南階、別当公卿列立庭前、次主計頭道言（賀茂）朝臣参進、奉仕御反閇了退下、解勘由次官時範取禄、白大褂、給之、次乗御之後、公卿進仗辺、出御後〔之後カ〕之出于西中門外、暫留御車、立榻、次寄上皇御車於南階、右大臣（源顕房）、内大臣以下公卿列立、并進仗陣列御反閇等如初、次出御、其行列次第先一院御幣、神宝、神馬、行事庁官、次女院御幣、神宝、神馬、庁官等、次舞人、次左近陣、左一人、尉以下二重、自余陣如此相比、次左兵衛陣、次右馬寮、次侍従代十二人、次公卿右大臣、内大臣、左衛門督（源家賢）、中納言中将（藤原忠実）、藤中納言（基忠）、左大弁（大江匡房）、右大弁（藤原通俊）、左宰相中将（藤原保実）、皇太后権大夫（藤原公定）、新宰相中将（藤原仲実）被扈従、以下臈為先、次左右近衛陣列、左右次将、左（藤原）有家朝臣、右（藤原）顕実朝臣、在御車前、次上皇、著御赤色御袍、御車、唐御車、播磨守（藤原）師信朝臣調献之、御車副舎人八人、著冠紫褐衣、青半臂、下重、末濃袴、脛巾、布帯等、諸司二分八人著束帯進候、右宰相中将（藤原経実）候于御後、検非違使平為俊著布衣祇候、次別当判官代相比行列、次殿上人、次右兵衛陣、次右衛門陣、次左衛門〔陣脱カ〕、左兵

衛陣、次前駈、上卿源大納言（源師忠）、新大納言（藤原家忠）、治部卿（源俊明）、左兵衛督（源俊実）、右兵衛督（源雅俊）、已上別当、依次行烈、下臈為先、次左右近衛陣、次御車、

女房装束用黄葉色、唐御車上葺白色、量（置）金銀菊盛以窠文、垂紫末濃總、傍張唐錦立板、以鏡彫透蝶形、以丹青為彩色、

有浮線綾紫末濃下帷、御牛付淡（緂）、御車副八人并牛童、著赤色褐衣、朽葉半臂、下襲等、末濃袴、脛巾、布帯、伊與守顕季（藤原）朝臣勤仕之、

次別当、判官代、主典代、次第行烈、次殿上人、次陪従、

美乃守公俊（高階）朝臣　散位有宗（源）朝臣
散位宗季（橘）朝臣　前和泉守兼平（藤原）朝臣
前信乃守家綱（藤原）　兵庫頭知定（藤原）
刑部大輔師季（藤原）　右馬助邦宗（藤原）
尾張権守家長（藤原カ）　散位章定（橘）
兵部丞経忠（藤原）　左兵衛尉源成綱

次右兵衛、右衛門陣、次女房出車六両、

皆用檳榔毛、之中両童女乗之、女房装束用紅紫重、童女同之、上卿献之、次女騎、皆是女房陪従也、次殿下（藤原師実）御車、前駈廿人、有検非違使右衛門尉平貞度、次武者所、戌刻著御社頭御在所、

南門楼外巽卯酉屋為御所、西三間為女院御所、東二間為一院御所、以其南屋、為進物所、御簾舗設、本院儲之、別当前美作守清長（源）朝臣行事、以彼岸所屋、為上達部、殿上人、両方舞人、陪従、蔵人、武者所以下座、皆用所司幄、本院敷帖、已上諸国儲饗、

上皇於鳥居下令下自御車給、著御々在所、女院寄御車於御在所、暫而撤御在所北庭幔、掃部寮敷葉薦、為神宝下敷、敷陰陽師座、円座、神宝所献両方御禊御座、神祇官昇立神宝、一院在西、女院在東、次前美作守清長朝臣、兵部大輔実宗（藤原）朝臣、但馬守隆時（藤原）朝臣、執一院御幣、右近少将顕実（藤原）朝臣、左近少将有家（藤原）朝臣、已上帯胡籙置弓、前少納言公衡（藤原）朝臣執女院御幣列立、当神宝所、一院西、女院東、先是舞人牽立御馬、以神馬為先、次内蔵頭師信朝臣供一院御贖物、左少弁重資（源）為益供、自東方供之、次

供女院御贖物、讃岐介師隆〔源〕朝臣為陪膳、勘解由次官〃〃時範為益供、自西方供之、次主計頭道言朝臣著座、奉仕御禊、了師信朝臣供大麻、両方令開給之、次撤御贖物、次牽立馬、次撤神宝、次上皇著御社内御在所、

南門楼東廊四个間為御在所、東廻廊南个〔脱アルカ〕間為上達部座、北个〔脱アルカ〕間為僧官座、此間殿上人取神宝等授付社司、次舞殿舗御拝座、高麗短帖一枚、小筵二枚、神宝所献之、如御禊時御座通用如何、次上皇端笏著御々拝座、次源大納言被伝献金銀御幣、御拝了納言給御幣、伝授社司、々々申返祝、次還御々在所、次舞人廻御馬三匝、神馬為先、次東遊、院所衆舁御琴、先是給社司禄、

五位社司八人、必白褂、六位社司一人、疋絹、已上殿上人取之、理須侍従取之、而皆申故障不入社頭、神人禄各有差、

東遊了、此間賜僧官禄、有差、

別当座主僧正仁覚織物褂一重、源大納言取之、権別当法印仁源同褂一重、藤中納言取之、自余所司各衾一帖、殿上人取之、

奏音樂、左萬歳楽、賀殿、陵王、右延喜楽、地久、納蘇利、舞殿分舗舞人陪従座、

本在東、末在西、舞人陪従座日〔マヽ〕行在板敷上、召人座在東西簀子、已上掃部寮舗之、

所司居衝重、次舞人陪従相分著座、可有盃酌、然而依無其催不勤之、次人長右近府生秦兼方進称容止、召仰諸司、次舞人陪従等起座、次試笛篳篥和琴歌等、了本末分座、人長申請可御神楽之由復座、次召人著座、次神宴如恒、次韓神時、木工頭隆宗〔藤原〕朝臣、兵部大輔実宗〔藤原〕朝臣勧盃、次先張如例、事了賜舞人陪従禄、四位五位白褂二領、六位単重、殿上人取之、人長并召人等各疋絹、先是御神楽之間、蔵人頭左中弁季仲〔藤原〕朝臣奉殿下仰、々権大納言源朝臣〔雅實〕、社司散位成信可加階級、修理別当大法師円誉、大法師経暹為法橋上人位、別当延暦寺座主仁覚譲、両院参御、仍両方有座主之勧賞云々、上卿於座召社司仰云、次召座主被仰此由、座主参上之間、近親上卿起座、次上卿召左少弁重資、被仰下勧賞事、次所司参上撤神宴座、次本社舞殿立花机二脚、北机安経莒二合、紫檀地螺鈿箱、金泥法花経、一部一院、一部新院、挑香花仏供、其

左右立燈台供燈明、其前立礼版一脚、其左右方立磬、次御導師権少僧都円禅参進著礼版、供養御経、前机安御経、説法了賜禄、院禄白掛一重、右大弁取之、布施右馬頭兼実(藤原)朝臣(取脱カ)之、女院禄同前、右宰相中将取之、布施右少将顕実朝臣取之、次御諷誦、両方各以布三百反、為其施物、実前砌立案積之、御導師権律師慶増参上啓白、両方御誦経一度向堂、次賜禄、各白掛一重、院禄但馬守隆時朝臣取之、女院禄木工頭隆宗(藤原)朝臣取之、次上皇渡御外御在所、次撤庭幔、砌下舗公卿座、源大納言以下祇候、次舞人馳御馬、舞人二人有故障退下、仍陪従馳之、此間座主僧正仁覚参上、令院司師信朝臣申恐悦之由、即召御前、暫而退下、于時鶏鳴也、

四日、戊申、天霽、辰刻召諸衛将佐以下、賜(禄脱カ)有差、禄法有別、此間勅使公卿賜禄、一院御方皇太后宮権大夫(藤原公定)、賜女装束一襲、左衛門督(源家賢)取之、女院御方左宰相禄同前、藤中納言(基忠)取之、宰相中将遅参、仍臨出御期賜之、中将纏頭拝舞、件勅使可在御車前歟、而依仰列公卿如何、又左宰相中将(藤原保実)可被供奉女院御方歟、可尋之、巳刻撤庭幔御在所砌舗帖、紫端、源大納言(師忠)、右大弁(藤原通俊)、左大弁(大江匡房)著座、賜衛重、歌人列立前庭、発歌笛、依仰左右大丞立加陪従、次右衛門督(藤原公実)、藤中納言、右宰相中将(藤原経実)、右兵衛督(源雅俊)、新宰相中将(藤原仲実)及四位、舞人四位、進出舞求子、了還入、次寄女院御車、近衛陣列如昨、移御之後、暫留御車、次寄上皇御車、依還御寄御在所、次出御、行列次第一如昨日、酉刻還御六条殿、

（宮内庁書陵部蔵郁芳門院日吉御幸部類記）

嘉保元年（寛治八年）

三月

十一日、【参考逸文】（前欠）、守行家(藤原)、束帯、申此□(由カ)□□(有)俊朝臣昇中門廊、(朱書)「印□以下事」舁上印櫃、地子櫃等、皆用朱漆唐櫃、行家朝臣相対、次行家朝臣先開地子櫃、取出自大殿(藤原師実)被渡目録三通、一通庄園渡文、一通朱器台盤、一通御節供朱器等、巻一懸帋、挿文杖参進申之、御覧了返給、行家朝臣取目録杖等退帰、即以帰参候于南弘庇、当于御前、若狭守行綱(藤原)朝臣持参印櫃、散位孝清(藤原)持参地子櫃、次行家朝臣先開印櫃、取出印覧之、如本納之、次開地子櫃、無本公験、只有代々渡文、即取出件文、経御覧了、副今日渡文返納、件櫃結之、不付封、件事不知先例、思事理、於御前開封、即可付封歟可尋、次本人令舁出中門廊了、行家朝臣退帰、次下

（朱書）「蒭斤事」家司主計允佐伯貞義、大殿下家司、相副朱器参入者、取御厩蒭斤参進対
南庭、覧了之後持還、此間下家司等舁立朱器長樻等樻
并長樻等蓋比置、（朱書）「覧朱器事」朱器舁之持参対前、行家朝臣取朱器
一両枚、徒手持之、件事、先例可尋、手取之、不穏歟、徒置御前、御覧了返
給、下家司等退帰□印樻、地子樻等遣政所、朱漆
大盤廿七脚納朱器長樻三合、同遣于政所、朱器千余枚云々、蒭斤
御厩別当行綱給之、（朱書）「覧入院名簿事」次勧学院別当左中弁季仲（藤原）朝臣覧入
院名簿、行家朝臣息男宗国、御覧了返給、次家司職事等如旧由、
被仰行家朝臣、之中或有加補之輩、或有被停之輩、交名在別、次家司等向
政所事始云々、（朱書）「家司職事申慶賀事」先上達部被退出了、次家司職事等、令少
納言惟信（藤原）申慶賀由、再拝了、

家司

散位高家朝臣　　伊予守泰仲（高階）、、
掃部頭孝言（惟宗）、、　　右少弁有信（藤原）
左大史祐俊（小槻）　　右衛門権佐知綱（藤原）
越前守清実（源）　　縫殿頭隆宗（藤原）、已上本家司、
左衛門佐盛長（源）　　淡路守為隆（藤原）、已上新補、

職事

太皇太后宮大進清家（藤原）朝臣　　左馬助基綱（源）
前肥前守俊清　　紀伊守朝輔（藤原）
皇太后宮大進兼遠（橘）　　肥後権守説長（藤原）、已上本職事、

今日渡文、安芸守有俊朝臣、右衛門権佐知綱等加署、（摂関詔宣下類聚）

廿四日、乙未、五壇御修法運時結願了、明日明後日、日
次不宜之故也、（修法要抄雑例）

六月

十三日、壬午、今日可有除目、仍早旦著束帯参殿（藤原師通）、内覧
申文、次殿下令参大殿（藤原師実）給、下官参大殿、午刻参内奏申
文、次於昼御座、頭弁（藤原季仲）相共撰申文如例、未刻殿下参御、

□

戌刻民部卿（源経信）依□俄被申故障也、□奉仕昼
御座□如官奏儀、撰申□蓋、置御座前如
恒、置御硯莒上也、御座左右供御殿油、簀子当于御座間北柱下
敷円座、為執政御座、当于御座迫欄敷円座、為執筆座、

除目儀被申於一院（白河）并大殿、中使往反之間已及深更、丑刻主上（堀河天皇）出御、殿下令候給、殿下召頭弁、々々参上、被仰可召民部卿之由、頭弁向右仗告有喚之由、次民部卿参上、直著執筆座、次執筆召人、下官参上、召硯続紙、帰出取硯続紙参上、置執筆前、次除目終、頭召□官参上、奉仰令外記註〔注イ〕史転任勘文、即以持参奉執筆畢、除目畢、執筆退出、直向右仗畢、次殿下召下官、々々参上、主上尚御昼御座、殿下被伝仰云、左中弁師（源）頼朝臣、左近中将国（源）信朝臣可為蔵人頭者、下官出于〔上脱カ〕殿書之、召出納忠（大江）時下給之、次参御直盧、御直侍、令申任右少弁慶悦事、内々令申也、即参御前、令申云、権右中弁重（源）資、摂津守、左少弁有（藤原）信、左衛門権佐、可有兼字歟、仰云、可然、奏事由可仰上卿、次参上御前奏聞事由、勅可畢、即付女房令申恐悦由畢、次向右仗、仰上卿大宰帥云、権右中弁重資、左少弁有信可有兼字者、寅刻依召出右仗、即以下官被内覧清書、入筥、一通勅任、書黄紙、一通奏任、書例紙、宰相中将仲実（藤原）卿書之、下官参御直盧、内覧之次、還出仗座下云々、仰早可被奏之由、次上卿進御所辺、令下官奏清書、即参御前奏之、次帰出返給上卿、仰云、御覧□次上卿帰仗座、被下式部省畢、依無武官、不召兵部、権中納言、藤原通俊、元右大弁、大江匡房、元左大弁、参議、藤原季仲、元蔵人頭、藤原宗通、同、兼左中将、左大弁藤原季仲、元左中弁、右大弁源基綱、元権左中弁、左中弁源師頼、元右中弁、右中弁藤原宗忠、元侍従、加任、権右中弁源重資、元左少弁、左少弁藤原有信、元右少弁、右少弁平時範、元蔵人、勘解由次官、右少史豊原時貞、元蔵人所出納、民部卿源俊明、元治部卿、中宮権大進藤原為隆、権少進源雅職、大宰権帥源経信、兼大納言、中納言橘好古任大宰帥、在任間、任大納言尚兼帯件職之例也、次大宰帥源朝臣参弓場殿、令下官奏慶賀由、次下官退出、于時卯刻也、

今日被召大殿御随身、左府生下毛野厚重、雖為関白殿（藤原師通）御随身、右府生同忠久、今日開〔マヽ〕帰参也、□□〔被召カ〕殿下御随身、右府生下毛野厚時、元左大将殿御随身也、而今日預府奏帰参、被召左大将（藤原忠実）殿御随身、番長下毛野敦清、元殿下御随身、厚時、忠久等、府生奏下官奏下之、右府生敦（下毛野）重渡左之由、以下官被奏之、勅可之後、下知左右将（源雅実）畢、

十四日、癸未、々刻著巡方参所々申慶賀、

関白殿、次大殿、次内中宮御方(篤子内親王)、次院(白河)、女院(媞子内親王)、次右府(源顕房)、
次左府(源俊房)、左大将殿、次高蔵(倉)殿(祐子内親王)、
十五日、甲申、今日不出仕、依遠忌也、
十六日、乙酉、未刻参殿、次参内、次帰家、
十七日、丙戌、早旦向新中納言(藤原通俊)第、問故実、
十八日、丁亥、早旦権右中弁(源重賢)、相共向結政習礼、次参内、
次帰家、
十九日、戊子、巳刻参殿、々下渡御九条殿、午刻還御、
頃之出御、御座在小寝殿西第一間南面、次召人、前左馬助基綱参上、伝
召(人脱カ)、次下官指笏取文刺挿伊予国年粁米解文、百石、無裏紙、有懸紙、出従殿上人座西戸、進北居于小寝殿南庇東第一間長
押上、或人々出自西戸、可居于中門廊者、後可改之、殿下令目給、下官称唯進西
至于御座間、去長押二三許尺膝行、直懸膝於長押上、
尚膝行進書、殿下取之、令置御座前給、次下官如初膝
行、退候于弘庇、文刺尚在手、殿下披書覧之、御覧畢遣差(マヽ)書、
下官置書杖、膝行両三度、取文退居本座、先延懸紙、
頗有音、次推遣書於右可(方カ)、洗紙如例、次取文傾右披見于右
方畢、推合向于御前披書結申云、伊予ノ国ノ司ノ申セル、
当礼留年ノ未進ヲ上久ト申セ留事、此間推合書、次殿下令
目給、下官称唯巻書、左手取書、右手取杖、加書於杖
下、経初道退出、以基綱令申云、件書可下申左府(源俊房)歟如
何、仰依請、次参内、申刻主上(堀河天皇)出御昼御座、下官於御
倚子下跪取杖刺書、自簀子進東、居南弘庇東簀子、自南
第(一脱カ)二間妻伺天気、主上令目給、下官微音称唯、参進於第二間簀子
中央、膝行二(未イ)度、直懸膝於長押上、昇両三度、進奏文、
主上取書令置御前給、下官如初膝行退下、候于簀子、
膝行数如初、書杖尚在手、次主上覧奏文如例、畢返給、即置文
刺于右方、膝行両三度進取書、膝行両三度退居本所、
少向乾、置書於前、先刷衣裳、次延懸紙、推遣書於右方、次
取書傾左、於左方披之、推合更又寄前披書結申、終頭
推合書伺天気、主上令目給、次称唯巻出、左手取書、
右手取文刺、以文刺加書上、左廻退出于殿上如例、次
参左府、下申奏之、称所労由不遇給、即下給文、次退
出、帰参内、著床子座、下官未参結政、而不参結政已前、著床子座、可有権議、仍示江納言(匡房)、報云、

未著結政已前、著床子座頗不穏便、於腋可下者、不(示カ)右大丞(源基綱)報云、雖不著結政、著床子座、何難有哉者、愚案未著座、上卿先著陣座、然者床子座不可有強難、仍所著也、左少史伴広親来著床子、下官目、広親起来進授書、広親取書、帰著床子、延懸紙於床子上結申、仰云、令検納与、広親称唯、巻書了、取副笏間云、上下官、答云、左リノ殿門(マヽ)、次下官起座昇殿上、次参殿為御使参大殿、次参院、次帰参殿、申御返事、次帰参内宿侍、

廿日、己丑、午刻著束帯参殿、為御使参院、御随身番長近時(中臣)事、上皇仰云、任法可被行者、去十六日夜、右馬允成尹到近時宅、欲奸妹女、然間、不慮之外已及濫行、為近時従類等被殺害畢、子細在使庁問注記、不能委記、

廿一日、庚寅、午刻参殿申文書、次参内奏之、次参大殿、次帰畢、

廿二日、辛卯、辰刻初参結政、依聞上官未参由、陽明門前扣車、然間上官等参入、権右中弁(源重資)被参会相共到于外記門外、南扉開之、北扉不開之、有政之時開之、先刷衣衫、相率入自外記門、立于仮借(粧、下同ジ)間、南上西面、立床子前、上官等進来、立小屋前、東上南面、弁揖史答揖、聞右大弁(源基綱)被参之由、仍以相待、頃之右大弁被参、経中小(少)弁前立壁下北面、揖、史答揖、中少弁不揖、次官掌著座、次史等著座、使部来取文束置、次右大弁自仮借間壁面伺見晴雨儀歩入、官掌追前、大弁徐歩経柱外、晴儀、依立床子也、入自南庇坤角柱内、迫柱、此間史平伏、経史座上并後、但経座末之時大弁摺沓、史等聞沓声始起、大弁著座、次権弁著座、次下官自壁西先伺見床子退帰、刷衣衫自柱外南行、入自坤角柱内、於南又庇、経官掌座前史座後并末、到右弁最末座下、西面揖、末立直著座、々定揖、史答揖、此間左大史紀有保、右大史同延行等遅参入急所、更著座、大弁被示雑事、両史解文束緒、次左大史有保取笇刾荒書、次右少史豊原時真仰云、文刾持参来、官掌召官人、使部取文刾立東壁下、先是、左少弁有信(藤原)参入著座、其道直入自西庇北第一間著之、次史時真取文刾進寄、居于右大弁前膝突進書、大弁取書置座前、史取文刾揖、次左大史

有保覧荒書於権弁、次覧于左少弁、此間大弁見書、了史結申、次有保覧下官、々々置笏於左方、抜在竿之書取之、有保置竿取笏、下官取書披見之、参河国鈎文、先見端後見奥、了巻書持之、有保以竿寄下官挿文、有保縿竿、下官取笏、史結申、下官頤諾、次史生二人出来立樋下、史生取莒文、取大弁判、次取左少弁并下官判、其儀史生取入吉書之莒、経史座末置座、左史生帰立本所、下官引寄莒、加官符判、正文加作名、案文書真名、筆同在莒、畢推遣覧莒于本方、取笏遣見史生方、次史生来取莒退帰、件書等乍置莒内、即加署不取出、是故実也、頃之弁侍申時移由、次尋政有無、次左大史紀有保合竿、次史等結文束緒、先是左少弁有信召官掌、触自殿有召之由、官掌告史、々不申上、次有信退座左廻退出、次官掌起座出、称容止出外記（門脱カ）角追前、次右大弁揖著沓、立直揖左廻出、其道如初、経史座上之時摺沓、大弁出于壁外、権弁起座退出、権弁退出到壁下之間、下官揖乍皆著沓、立定揖左廻出、其路如初、端笏引裾出自局門、右大弁立棟樹北、北面、権弁当于局門北腋少進北去垣一許丈立、西面、下官立権弁南、立定揖、或人云、右少弁、与右大弁大略如連袖可立云々、可尋、上官等進出去弁北、南上西面列立、次大弁揖退出、次中弁已下揖退、次下官揖退、上官従之、於外記門角、各取裾退出、無陽明門出立、上卿不被参之時如此云々、次列車参内、其道自大宮南行、自大炊御門東行、自堀川南行、於冷泉院、下自車入自右衛門陣、入自立蔀南妻、大弁已下著床子、各取笏、弁侍趍来跪申云、正倉諸司召セリ、権弁与奪云、申か、弁侍答云、然侍リ、権弁仰云、御鎰賜礼、次大弁已下起座、大弁召官掌給笏、中弁已下召弁侍給笏、参殿上、次参御直廬、（藤原師通）殿下自昨日令候給也、内覧文書、次奏聞之次、為御使参大殿、（藤原師実）次参院、（白河）此間殿下自内退出、令参院給、仰云、以左中弁師頼（源）朝臣可為装束使、以右中弁宗忠（藤原）朝臣、大蔵少輔保隆（藤原）可為率分所勾当、以権右中弁重資、可令行造八省事之由、奏聞事由、可宣下左大（源師房）臣者、即参内奏聞此由、次参左府申件旨、畢又以右中弁宗忠朝臣可令行伊勢遷宮事之由、仰中宮大夫（源師忠）、々々々々被仰下官、々々下知大夫史了、有宣旨書云々、又蔵人頭左中弁師頼朝臣、左近中将国信（源）朝臣可聴著禁色之由、宣下権大納言（源雅実）、又京条々内相当道路構垣堀渠、有妨往還、宣令禁制事、又京中道路毎当家前宜令堀溝渠、掃汚穢事等、宣下別当左兵衛督（源俊実）了、已上条々、又依殿下仰、奏聞事由所宣下也、今日晩頭官掌弁侍使部等率来、設座於侍所居饌、官掌懸盤、弁侍机、盃酌之後、賜禄有差、官掌弁侍等各疋絹、使部打麻布六十六〔衍カ〕六段賜之、又賜屯食、二具盛、設〔役歟〕送諸司二分已下著束帯、毎事依新中納言（藤原通俊）説所為也、今日頭中将（源国信）始被奏文書、

廿三日、壬辰、早旦参結政、他弁不被参、大夫史祐俊（小槻）以荒文挿竹竿之後、置竿取笏申云、結文無之、下官不左右、次大夫史置笏取竿、指寄下官前、下官取書、祐俊置竿取笏、下官見之、見了当書于胸前、大夫史祐俊置笏取竿、如初指寄、下官如元指之、了取笏、次大夫史取書置竿、置笏於左方、取書結之如例、下官頤諾、次令問刻限、依雨儀弁侍不時〔法カ〕申之故也、次令問政、次官掌申上、先是史納文束如例、次率参内著床子、弁侍法申、下官仰云、御鎰賜、礼、依無他弁不称申歟之字〔マヽ〕、頃之退出、

廿四日、癸巳、参殿申文書、

廿五日、甲午、早旦参結政、入自陽明門、到匣少〔小〕路辺間、民部卿（源俊明）、右大弁（源基綱）被参、下官立留、自匣小路在東之時、立留故実也、次立路北揖上卿、々々過了之後、相従到外記門、上卿著左衛門陣、次右大丞并下官入自局門、立于仮借間、次官掌就座、次史著座、次右大丞被著座、其道用晴儀、次下官著座、次左少史盛忠（小槻）申申〔結申〕結文、次大夫史祐俊取笏指荒書、次右少史時真（豊原）申文、此間祐俊覧荒書於下官、々々取書披見之間、右中弁宗忠朝臣被参、下官推合、待彼朝臣之著座、々々之後見之故実也、次史盛忠結南申文、次召使引外記門北扉、次上〔卿脱カ〕被著庁、依無少納言無申文、依宰相并少納言等不参無請印、上卿被任民部卿之後始被著、仍外記不結申、上卿被起座之由有其告、仍有晴出立、先上官出列立于門北掖、西上南面、次下官起座進出自外記門、近屏程立定揖、東面当于外記門、有上臈者可立南歟、次上卿乍著靴経外記門北辺出、南行入南所門、次下官揖南行立

留于外記門下楝樹北頭東面、立定揖、次右大弁出自外記門南行、外記史東面立直、大弁過下官前立留、下官揖、大弁答揖、進行入南所門内、次下官到楝南立定揖、次右中弁宗忠朝臣南行、過下官前之時、下官揖、中弁答揖、次有南所門外出立、右中弁北面、下官東面、弁侍自南方来直申宗忠朝臣与奪、次中弁已下入門内、大弁已下立于南所西（南イ）屋砌、此間南所装束未弁備、以弁侍令催（促カ）役、次上卿著座、自北著、次右大弁進出自南方、入自南孫庇西第一（マヽ）間、東行到第一間揖、昇自沓脱著座、召大舎人、少納言不参、仍被召也、但大弁召大舎人之例可尋、次右中弁并下官相率入自同間、到沓脱下、右中弁就第一間、四位間、次下官著東第二間、正下五位間、先是大舎人居盤飯用筍、有盖、弁少納言著用竹菜（行イ）物并四種器用土器、次右少史時真申文、鈎文一通、馬料文一通、筭得業生課試文等也、中文了史退、次上卿下箸、大弁已下応之、次大弁召大舎人、次大弁抜箸起座退出、非参議大弁不預食座、故実也、次大舎人居汁并湯、汁用土器、湯用青瓷器、次食汁、次飲湯食汁了、以筍盖掩汁器云々、而予不知故実、下箸之後飯筍上如元掩之失也、次下官并宗忠朝臣起座、自下退出、自門近西屏裡（程）列立、北上東面、次上卿出自門南行、弁官揖、上卿答揖如例、上卿黎（マヽ）到左衛門陣前取裾、弁官如此、即以北行過外記門前之間、外記史等進出相従、上卿已下東折、行到兵衛司南北門下、上卿立留引裾、右中弁已下東面雁行、上官北上東面、上卿放列到陽明門溜程立留揖、弁已下答揖、次上卿出門、次右中弁已下上官已上、東上南面立直、次第揖退出、上卿已下相率参内、其道自大宮大路南行、自大炊御門東行、自堀河南行、自冷泉院下車、入自右衛門陣、上卿被著陣、大弁已下著床子座、弁侍直申如例、右大弁依上卿命著陣座、有申文云々、下官為内覧吉書参殿（藤原師通）、右大弁被申吉書、次下官参内、頃之新中納言（藤原通俊）参右仗、先有中文、次下官下（マヽ）奉吉書、上卿被結、下官仰云、宣旨宣、次上卿以件文給下官、々々膝著前置書、先延懸紙如例、次左傾披書、見之推合、引寄胸前披之、結了推合、目于上卿、々仰（々脱カ）云、宣旨宣へ、下官称唯、巻書随上卿気色、左廻起座退出、就床子給祐俊宿禰了、次納言退出、頃之江中納言(大江匡房)被参、先有申文、次下官下吉書、次召権右中弁重資(源)給之、（内閣文庫蔵甘露寺本時範記）

十月

卅日記云、節刀之中霊剣二柄也、一柄護身剣、峰上銘云、左青竜、右白虎、先朱雀、後玄武、件銘左青竜字僅存、自余不見、又所鏤四神之中、青竜・朱雀其形尚存、自余日月五星図不見、一柄破敵剣、賜将軍節刀也、所鏤五帝五星之中、二星并御西王母兵刃符纔残、其外四神形等焼損不見、但天徳四年御記(村上天皇御記)云、雑剣卌四柄之中有節刀、亦応和元年御記云、節刀卌二柄納内侍所、残霊剣二柄尚在木工寮者、如応和御記者、卌四柄皆以節刀也、疑是度々内裏焼亡焼損、所残十柄歟、依有事疑、後日(十一月一日)遣右中弁宗忠(藤原)朝臣、右中将顕実(藤原)朝臣等於堀川殿(院)内侍所跡、雖令尋求、已無其実、件節刀櫃寸法已不分明、仍就内侍所女官説、弘六寸・長三〔マヽ〕尺余作之、可令塗朱漆之由、被下知了、

（国立歴史民俗博物館蔵大刀節刀契事、小右記中右記抜書）

十二月

四日、辛未、天晴、為御使参院(白河)、申改元事、仰云、十二月例、宝亀、天延、長和也、何等事在哉、依疱瘡云改元、又有何事哉、儒者可仰江中納言(大江匡房)、両文章博士(藤原成季・敦基)者、帰参申両殿了、次参左府(源俊房)令申云、令権中納言大江朝臣并文章博士等択申年号字者、次帰了、

十五日、壬午、御物忌也、未時殿下参御〔ナシイ〕、今日申刻左大臣(源俊房)、帥大納言(源経信)、民部卿(源俊明)、右衛門督(藤原公実)、新中納言(藤原通俊)、江中納言(匡房)、左大弁(藤原季仲)参著右仗、頃之大外記定俊(清原)以年号勘文覧于左府、次大臣召下〔ナシイ〕被付年号勘文三通、江中納言書檀紙宿紙、両文章博士以外記令書写宿紙、各有懸紙、不入莒、

江中納言

嘉保、史記曰、嘉保太平、

承安、論衡曰、承安継治、使賢任能、

文章博士成季朝臣
　弘徳、周易正義云、得位処、尊為天立之主、兼弘徳義、
　承天、後漢書曰、陛下聖徳、承天当隆盛化、
文章博士敦基朝臣
　承徳、周易曰、幹文用誉、承以徳也、
　天成、尚書曰、地平天成、六府三事、元治万世、永頼乃功、
下官取之、懸紙一枚内、籠三通結之、覧于殿下（藤原師通）、次奏聞、次返給大臣、仰云、宜令定申群議如例、次大臣被奏云、帥大納言以下一同令定申云、権中納言大江朝臣所択申之承安、文章博士敦基朝臣所択申承徳、共避忌諱、上卿被申子細事両个之間、被用何事在哉、大臣申云、権中納言大江朝臣所択申之嘉保称謂尤佳、被用可宜、即参御直廬申此由、次奏聞、次為御使参大殿（藤原師実）、覧件勘文并申諸卿定申旨、又大臣密々被申云、承安本文云、承安継治、頗以不宜、承徳者承字従水不宜、加之天徳、長徳共不吉事、寛徳、応徳共時代之末也、然者徳字難為佳歟、参院申年号之儀事仰云、大臣被定申旨尤有其謂、早参院可令奏達件等旨、戌刻参院奏聞、仰云、嘉保字称謂不宜、然而大臣申旨又非無其理、被用何事在乎、次帰参申殿下、次以蔵人玄蕃助宗佐（藤原）奏聞之、勘文留御所、勅可可（衍カ）之後出陣、仰大臣云、依定申、以嘉保為年号、但依疱瘡宜改元、任承暦元年例、令作詔書大臣召大（ナ内記在良（菅原）仰之、頃之在良詔書草覧于大臣、々々以（シイ）在良被内覧、以蔵人宗佐被奏聞、仰云、令清書、々々之後又以在良被内覧、次以（ナシイ）宗佐令奏聞、返給之後下給中務、輔不参、仍以外記賜禄云々、次大臣以下退出、今夜不被奏吉書、上臈職事不参籠、御物忌之故也、
（内閣文庫蔵和学講談所本歴代残闕日記十五）

十五日、
匡房勘文、
　嘉保、用之、承安、
成季勘文、
　承天、弘徳、
敦基勘文、
　承徳、天成、

大臣(源俊房)密々被申云、承安本文云、承安断治、頗以不宜、承徳者承字従水不宜、加之天徳長徳共有不吉事、寛徳応徳共辞退(時代)之末也、然者徳字難為佳者、参院奏聞、仰云、嘉保字称謂不宜、然而大臣申旨、又非無其謂、被用何事有哉、次帰参令奏聞、勅可之後出陣云、大臣依定申、以嘉保為年号、

(改元部類、応和―建久)

改元翌日奏吉書事
十六日、癸未、午後雨下、御物忌也〔ナシイ〕、早旦頭弁(源師頼)参御直廬、内覧吉書、昨日改元之後始所覧也、次下官内覧除目申文、次頭弁被奏吉書、次下官奏申文、次頭弁被奏之、自今日有除目、

(内閣文庫蔵和学講談所本歴代残闕日記、十五)

嘉保二年

正月

五日、辛丑、同(御前議)雨下、今日御物忌也、有叙位議事、左府(源俊房)、藤大納言(藤原家忠)、右衛門督(藤原公実)、左大将(藤原忠実)、治部卿(藤原通俊)、江中納言(匡房)、左〔右カ〕宰相中将(藤原保実)、左大弁(藤原季仲)被参籠、早旦参御直廬、内覧吉書、次内覧申文等、次於朝餉方奏之、頭弁(源師頼)、蔵人兵部大輔(藤原通輔)同奏申文畢、次於昼御座方択申文如例、択畢盛御硯箱蓋、申刻蔵人奉仕御装束、其儀垂母屋御簾、巻東庇御簾、以廂代孫庇供之、如堀河殿儀、但御物忌付身屋御簾、入夜左大臣以下参著右仗、先是殿下(藤原師通)令昇給、以頭弁被仰叙位召仰、申於大臣、頃之頭弁奉仰令蔵人木工助明国(源)召諸卿、々々参上、殿下先出御、左大臣参上殿上、次左大臣参御前、著大臣座、次殿下参御、令著左大臣下給、次藤大納言以下取箱文如恒、次殿下依召先以参上、令著北面円座給、次殿下召左大臣、々々参著西面座、次召人、下官参上、召続紙、即以持参、二局各九枚、盛柳莒、入自御座間進、大臣退帰、被行叙位如恒、以左大弁被召諸宮御申文、次以頭弁召入内一加階勘文、先是無勧盃事侍臣居火櫃衝重、無勧盃事、召諸国文書、官中籠宿文書不候之由、頃之有議勅許上備前守国明(藤原)前任越後国文書、左大弁被読之、子刻叙位畢、諸卿被候殿上、大臣

出于殿上給叙位於治部卿、即以開之、大臣退出、次納言已下退出、治部卿著右仗被行入眼事、頃之下官退出、先是殿下出御、
右近中将顕実（藤原）朝臣叙正四位下、臨時恩賞也、
修理権大夫為房（藤原）朝臣叙従四位上、在藩之時旧労、
重喪者不復任以前不叙爵事
大外記大宅義範叙爵、重喪之者、去十二月晦日復任、
廿九日除目以叙爵了
左大史紀有保不叙爵、七月遭父喪、未復任之故也、

（夕拝部類、叙位議）

八日、〔嘉保六〔二〕年二〔正〕月八日甲辰〕、御斎会始之、大極殿高御座上敷小莚、進（立歟）御仏厨子一基、大日如来像為中尊、八観音虚空蔵為脇士、

（三僧記類聚、御斎会本尊事）

十日、丙午、今日被始行熾盛光法、座主（仁覚）於山上修之、伴僧廿口、蔵人明国（源）令持御衣監臨之、

（平記十四、時信記大治六年正月十一日条）

十月

時範記伝「公家御祈歟、本記不分明」
八日、庚午、早旦参院（白河）、仰云、北斗御修法七壇、自院所令行給也、

（修法要抄雑例）

永長元年（嘉保三年）

正月

五日、丙申、早旦参殿（藤原師通）、内覧申文、次為御使参大殿（藤原師実）、次参内、未刻奏聞申文、次於昼御座頭弁（源師頼）被択申文、頭中将（源国信）追被参択申文畢、申刻令蔵人宗仲（藤原）奉仕御装束、其儀如例、先是殿下令参給、御直衣、申請雑事、酉刻為御使参院（白河）、即以帰参申御返事、次参大殿、即帰参、戌刻左大臣（源俊房）被参左仗、中宮大夫（源師忠）、新大納言（藤原家忠）、左衛門督（藤原公実）、左大将（藤原忠実）、左兵衛督（藤原基忠）、治部卿（藤原通俊）、江中納言（大江匡房）、新宰相中将（藤原宗通）、左大弁（藤原季仲）被参、頃之殿下令昇給、出御于殿上、召頭弁被仰召仰事、次頭弁奉仰、令蔵人召諸卿、左大臣已下参上、大臣并博陸殿下先令著座給、次中宮大夫已下取莒文、次殿下令著御前円座給、大臣進著執筆座、召人、下官参上、召続紙、下官持参之、二、盛柳莒、各九枚、候執筆後簀子、大臣顧面、下官膝行進奉之、取空莒退帰、比間召叙位勘文、下官仰外記定政（清原）、令進之、入莒、下官取之、自御後参上

奏之、大臣左大弁（有落字歟）召院宮御申文、奏聞之後、召同人令勘之、此間為御使、参大殿、即帰参申御返事畢、次召頭弁被問殿上簡一、次召下官召入内一加階勘文、下官仰外記定政令進之、一加階神祇権大副輔弘(大中臣)、左京亮有輔(藤原)、二人注之、下官問之、一加階第一者一人注之、而注載二人如何、陳(マヽ)之先例也、入内隠岐前司兼職注之、一加階入内法載一紙、有懸紙不入莒、下官持参奉執筆、子刻事畢、執筆以叙位奏覧畢、召左兵衛督賜之、武衛被(出カ)於殿上、執筆退出、先是公卿退、於殿上開見叙位、下官申殿下云、清書参議左大弁当巡、而已浴加級、仍憚日次、申日、辞申之、随仰可仰下、仰云、可催新宰相中将者、又申請云、内覧之条如何、仰云、不可持参、又仰云、民部丞経宗預本省奏云々、文(又)奏聞可仰入眼上卿者、頃之持来省奏、奏聞之後下上卿、上卿結之、仰云、可為従五位下、次下官退出、先是殿下出御、

殿下令叙従一位給、

宰相中将仲実(藤原)、主基国司、右大弁(源基綱)、石清水賀茂行幸行事賞、

已上叙従三位、自余不能委記、

申日被行叙位議例

寛弘三年正月五日、戊申、

天喜元年正月五日、戊申、

康平三年正月六日、丙申、昨日依当御衰日延引者、

治暦二年正月五日、庚申、

寛治四年正月六日、壬申、昨日依御衰日延引者、（夕拝部類、叙位儀）

二月

廿四日、今夕座主(仁覚)率廿口伴僧、被始行熾盛(光)先御修法、以行事蔵人、令仰御願趣、帰畢、

（平記十四、時信記大治六年正月十一日条）

三月

一日、辛卯、巳刻参東三条殿、依有寿(命脱カ)経御読経也、其儀見于去正月晦日記、次参殿(藤原師通)、参大殿(藤原師実)、次退出、

二日、壬辰、今朝大殿渡御宇治殿、依明日一切経会也、

五日御遊并七日観射事
午刻参殿、為御使参院、被申五日御遊并七日観射事等也、

御灯事
三日、癸巳、降雨、辰刻参内、依御燈也、巳刻有由御禊、東面供御座、頭弁為陪膳、下官為役供、其儀如例、次参殿仰云、今日一切経会依雨已以延引、明日可被行者、明旦可渡御宇治殿、然者明日参内可祗候、兼又明後日和歌令申合大殿給、可被仰一定者、次帰華、

陣覧内文事
四日、甲午、辰刻参内、終日祗候、今日、江中納言参左仗、被申行陣覧内文、是則為被請印鹿島使官苻并若狭守顕隆（藤原）籖苻也、今夕宿侍、

五日、乙未、午刻退出、参殿内覧文書、今日和歌已以延引、来十一日可被講者、参内奏聞其由、遣告人々許了、
補仁王会闕請事
晩頭治部卿（藤原通俊）参左仗、依可被補仁王会闕請也、宰相不参、治部卿被移于外座、召下官被召文書硯等、下官出陣腋召史令進之、次下官依気色昇宰相座書之、書畢奉上卿復座、上卿披見畢、下官起座退下、次上卿召史下文書□（闕カ）請不給弁、入莒直被下之、次治部卿令下官□内覧仁王会咒願文、文章博士敦基朝臣（藤原）草之、内覧了帰参奉上卿、次上卿就御所辺、令（命カ）下官被奏之、奏聞之後留御所、次上卿退出、下官以咒願草賜内御書所、令清書、入夜下官退出、

六日、丙申、巳刻参殿（藤原師通）、内覧文書、次参内、依御物忌、不昇殿、於蔵人所、沙汰明日御修法并御仏供養事之後、退出、酉刻侍中告送云、自申刻有御風気、乍驚馳参、入夜頗以平御、下官為御使参鳥羽殿、及深更帰参宿、

七日、丁酉、天晴、今朝指事不御、其由令申院（白河）并大殿（藤原師実）了、辰刻退出、巳刻参大極殿、依為仁王会行事也、先巡検
巡検大極殿事
大極殿、其儀高御座上立仏台、懸御仏、其前排批香花燈明、南面壇上立仏供机、壇巽坤角立円机、若大花瓶、母屋南面毎間懸彩幡花幔代、高御座壇東西間立散花机、其東西間左右相分敷僧座、前一行両面端、後一行緑端、西後座南頭立磬、従儀師著此座、高御座南面壇下立行香机礼版蓋高座等如例、読師在東、講師在西、講師前机上置御経并呪願文、公卿并堂童子座如御斎会、次著昭訓門東廊座、未刻中宮権大夫（藤原能実）被参上、申刻治部卿（藤原通俊）被参上、先召弁、下官参上、仰云、可巡検諸堂、次上卿立大極殿巽角壇上被命云、依有所労、自不巡検、弁已下早可巡検
巡検自西歟自東歟事
者、下官申云、自西巡検先例也、可随命、復命云、自

東巡検是又先例也者、依上卿命、自東巡検之、十二堂公卿各餝之、大極殿者殿下令餝給、然而所司敷設之先例也、巡検畢、皆悉不能巡検、仍差遣史、于時上卿被著大極殿、下官参上申巡検畢由、次上卿被仰可打鐘由、次下官退出、召史仰之、僧昇、権大僧都良意為講師、法橋永範為読師、請僧七口之内三口公家（堀河天皇）被請之、三口殿下被請之、残一口以威儀師備七僧員也、東西相分経南庭参上、其儀如例、夕座終頭、有行香事、了上卿已下被率参大内、未被参已前事了、権大僧都覚信為中殿講師、法橋源快

堂童子用四位事

為読師、中宮大夫（源師忠）已下四五輩被籠御物忌云々、堂童子五位不足、仍用四位云々、今日被行御修法并御仏供養、可有憚否之条、蔵人少納言成宗（源）、召主計頭道言（賀茂）朝臣於蔵人所、令占申之、占兆之趣告也、然而依院御定、已以延引、成宗同以申之、入夜別当右衛門督（源俊実）以左衛門志国任（紀）令奏未断軽科者勘文、下官取之覧殿下、々々以蔵人宗仲（藤原）令奏給云、今日御物忌也、不可御覧外書、相計合点、令免給如何、御返事云、聞食、其後可従原免者、各被合御点了、下官仰国任云、殊有所思食、未断軽科者廿人、宜従原免、件勘文給下官、注付惣数了、今夕宿侍、

八日、戊戌、主上（堀河天皇）御風平御、今日祗候、

九日、己亥、早旦殿下出御、終日祗候、今暁院還御、今夕大殿還御、入夜退出、

和歌間事

十日、庚子、早旦参殿、次参大殿、次参院、被申明日和歌間事也、院仰云、住吉祠〔社ヵ〕司国基建立私堂、去七日供養、見者成堵済々焉、掃退雑人之間、数多下人没落池水、及死命者其数多、而臨其庭輩、不存穢由、相交洛下云々、可被相尋者、申殿・大殿之後、相尋子細、無参内輩者、令申其由了、

御遊事

十一日、辛丑、早旦参結政、次参内、次参殿、次帰参内、申刻大殿令参給、頃之殿下参御、先是降雨、中宮大夫（源師忠）已下参上於殿上、入夜南孫庇敷菅円座、依公卿員数多、東第一間北折敷之、亥刻主上御直衣、出御、次大殿、関白殿先以参御々前、次中宮大夫、左大将（藤原忠実）已上直衣、左衛門督（藤原公実）、

新中納言(藤原経実)、治部卿(藤原通俊)、江中納言(大江匡房)、中宮権大夫(藤原能実)、右兵衛督(源雅俊)、
新宰相中将(藤原宗通)、皇太后宮権大夫(藤原公定)、左大弁(藤原季仲)、已上束帯、参上著座、
召御遊具事 次召御遊具、次右大弁基綱(源)朝臣、右中弁宗忠(藤原)朝臣、左
中将忠教(藤原)朝臣、蔵人右少将宗輔(藤原)、式部丞宗仲(藤原)、依堪絃
哥、近候南簀子、中宮大夫弾倭琴、左大将弾箏、皇太
后宮権大夫取拍子、基綱朝臣弾琵琶、宗忠朝臣吹答笙、
宗仲吹横笛、竹肉合奏、更漏漸闌御遊了、御座間長押
上置御硯莒蓋、以之為文台、其西方供切燈台、御座左
和歌御会 右御燈如本不撤之、次侍臣献和歌、自下臈献之、次公卿献之、
和歌題 題云、花契千年、江中納言所献也、納言同書序代、迫
長押敷円座為講師座、次右大弁基綱朝臣依召参上為講
師、中宮大夫為読師、殿上人候簀子敷、依次講之、読
了基綱朝臣退座、次大殿令撤和歌給、治部卿依召著円
座、次大殿給御製披之、安御硯莒蓋上、事了入御、人
〻退出、及深更下官退出、

献和歌殿上人

蔵人頭左中弁師頼(源)朝臣　右大弁基綱朝臣
蔵人頭左中将国信(源)朝臣　右中弁宗忠〻〻
右少将能俊(源)〻〻　左中将忠教朝臣
右中将顕実(藤原)〻〻　〔左カ〕右少将俊忠(藤原)〻〻
蔵人少納言成宗(源)　下官
左少将家政(藤原)　蔵人右少将宗輔
右兵衛佐師時(源)　蔵人式部丞宗仲
左衛門尉明国(源)　左兵衛尉仲正(源)

康平年中例事 康平年中、後冷泉院御翫新成桜花被詠和哥之時、公卿
賜衝重并御衣、仍兼日雖有其議、臨期被留之、又可被
出題之由有其議、仍設紙筆、然而無其召、随不被出題、
被従省略歟、

可被任諸寺別当事 十二日、壬寅、早旦参殿(藤原師通)、今日可被任諸寺別当、仍為御
使参大殿(藤原師実)、次帰参申御返事、次為御使参院(白河)、被申請件
等事也、次参内奏聞、次参殿申定、次帰参内、晩頭中宮
大夫(源師忠)、左大弁(藤原季仲)参上左仗、下官奏聞之後、仰云、令定申
春季御読経事、上卿仰下官令勘申日時、次上卿移外座、
史進文書硯、下官申上日時文、左大弁被書僧名、定了

上卿召下官被内覧之、則参殿覧之、其次重申請諸寺別当事、即以帰参、出陣申執政御返事、次以下官被奏聞、勅可之後出陣、返給上卿、仰云、御覧次被下〻官、々々結申退出、於床子座召右少史俊忠(清原)給之、次下官出陣、以権律師延真、法隆寺申文下上卿、々々結之、下官仰云、依請、次仰云、僧正仁覚可為勝蓮花院検校、法眼実覚可為西大寺別当、大法師頼救可為素〔喜〕光寺別当、即被仰下官、々々出陣腋、召左大史成俊(中原)下知之、次上卿已下退出、次下官向按察大納言(藤原宗俊)第、下興福寺解状、状云、以権少僧都隆禅、被補権別当者、仰云、依請、次触可被下藤氏弁之由退出、件文多是藤氏上卿弁奉之、後聞、案内被下左少弁有信云々、

十三日、癸卯、午刻右中弁(藤原宗忠)、前兵衛佐(藤原長忠)、蔵人少納言(源成宗)被過門外、相伴向円融院、為尋残花也、敦基(藤原)、敦宗(藤原)等来会、即賦遊円融寺即事詩、乗月帰洛、

十四日、甲辰、早旦参大殿、関白殿、次参内、奏文書、

清任向穢所、不経日数参内之間、禁裏為乙穢事

或人告云、左近将曹紀清任罷向任、告其身触穢、去九日帰洛、即参本陣著座云々、仍召清任并本陣官人等対

穢事

問之処、清任著座已以分明、不能避申、参殿申此由、次参大殿申此由、次参院申之、次帰参殿申御返事、次参内奏聞事内(由)、次召明法博士国任(惟宗)、尋問子細、申云、清任甲者也、甲者参入内裏、為乙所者、仍諸陣令立札了、石清水臨時祭下知延引由了、次退出、清任可令進過状之由、奏聞事由之後、仰治部卿(藤原通俊)了、

賀茂臨時祭延引之時、召社司被仰御祈事

十五日、乙巳、午刻参大殿、次参殿、下官申請云、去年賀茂臨時祭延引時、召祀〔社カ〕司、仰可奉仕御祈由、准彼例、依臨時祭延引、可奉仕御祈由、可遣仰別当頼清許歟如何、仰云、可然、次参内奏聞遣仰了、次帰畢、今日寿命経御読経被結願了、

十六日、丙午、今暁熾盛光修法満三七个日結願了、早旦参結政、次参内、次参殿内覧文書、次参大殿、申請十九日御修法御読経等事、

七仏薬師本尊被用古仏哉事

十七日、丁未、参院申請明後日御修法事、仰云、至于新

御修法

仏御供養不可在之、以古仏被行七仏薬師御修法、何等

事在哉者、帰参殿、申此旨、入夜参内宿侍、自去十六
日至于来十九日、御物忌也、
今夕殿下有御作文、下官参入、
十八日、戊申、午後退出、参殿内覧文書、次申請御読経
上卿事、入夜帰参宿侍、大殿御宿侍、
御読経御修法日時事
十九日、己酉、早旦召主計頭道言（賀茂）朝臣於蔵人所、令勘申
御読経御修法等日時、次於御前、朝餉、定申法花御読経
僧名、十五口之中僧綱三口、未刻治部卿被昇殿上、先是蔵人奉仕御
装束如例、下官下申日時僧名於上卿、即被給下官、申
刻僧侶参上、治部卿仰下官令打鐘、次出居昇、次上卿
参上、法用了後下官仰御願趣、発願了上卿出居退下、
入夜僧正仁覚於東三条殿、勤修七仏薬師御修法、伴僧
廿口、令蔵人盛家（源）仰御願趣、今夕宿侍、
内裏触穢時、被行御息災御祈并臨時御読経事
内裏触穢間被行御息災法并修臨時御読経例
天暦十年六月十二日、座主延昌修不動（息脱カ）災法、
天徳四年六月十四日、大僧都寛空勤修不動息災法、
寛治六年五月廿日、権大僧都良意勤修一字金輪法、

天徳四年五月廿一日、被行臨時仁王会、
同六月十四日、於紫震（宸）、清涼両殿、被行臨時大般若御読経、
内（自カ）今日大殿令籠法成寺阿弥陀堂、経（マヽ）被修護摩并被行八
講、殿下自今日被始行法花法、
法勝寺御念仏事
両院（白河・媞子内親王）渡御法勝寺、自今暁被始御念仏之故也、式日十一
日也、而延引、今日被始行、予依服薬不参入、
（東洋文庫旧蔵広橋本右少弁平時範記）
十九日、己酉、入夜僧正仁覚於東三条殿、勤修七仏薬師
御修法、
内裏触穢間、被行御祈例、
天暦十年六月十二日、座主延昌修不動法、
天徳四年六月十四日、大僧都寛空修同法、
寛治六年五月廿日、権大僧都良意修一字金輪法、
（修法要抄雑例）
廿日、庚戌、早旦退出、参殿、次帰華、
廿一日、辛亥、巳刻参殿（藤原師通）申文書、次法成寺於門外申事由、
依服薬也、次参内申定明後日射手事、次参殿申之、次
帰家、入夜参法勝寺、今夕両院還御、仍為奉仕前駈也、

廿二日、壬子、午後参殿、次参内、入夜退出、
廿三日、关丑、甚雨、巳刻参殿、仰云、依甚雨、今日臨時観射可延、明日可被行由、可令奏聞者、参内奏聞之後、人々許遣消息了、次退出

臨時観射事
廿四日、甲寅、天晴、巳刻参京極殿、次参内令奉仕御装束、其儀垂南庇御簾、南廊北第一間板敷上迫長押東西妻、立大宋御屏風一帖、其前敷二色綾毯代、立殿上御倚子、其西間簀子敷菅円座二枚、為大殿(藤原師実)并関白殿(藤原師通)御座、同廊北第四間中央以南三个間副壁設公卿座、如弓場始儀、無出居并的付座、不懸科簡、同廊北第二間戸内二行設侍臣座、西対代前設矢取内豎座、堋装束如例、南庇西第一二間設中宮(篤子内親王)御所、午刻為御使参大殿、御消息云、今日可令参給者、御返事云、無召御前只今可参者、帰参奏其旨、未刻大殿参御、頃之関白殿令参給、中刻

人々装束
中宮大夫(源師忠)、右大将(源雅実)、新大納言(藤原家忠)、左大将(藤原忠実)、已上直衣、但左大将有紅出袿、新中(藤原経実)納言、中宮権大夫(藤原能実)、右兵衛督(源雅実)、新宰相中将(藤原宗通)、已上束帯、参上殿

主上出御無御剣御直衣事
上、此間仰本陣令懸的、次主上(堀河天皇)御直衣、出御々倚子、無御剣、

令懸的事
大殿、関白殿令候給、此間公卿徘徊弓場殿、次中宮大夫已下経侍臣座上、出自西戸著座、不取弓、次召左大将、右大将出殿上方、取弓矢帰参射之擬能射也、一度射了

書方人事
退入、置弓矢更出著公卿座、次召下官、々々取紙筆参上、居上卿前、左廻、先折紙、続二枚、長折之、先書前後字、次書

不書募物事
度数、三度為限、不書募物、依仰也、次定射手、前方新中納言、右兵衛督、蔵人頭国信(源)朝臣、忠教朝臣、家政(藤原)、師時(源)、蔵人源明国、後方中宮権大夫、新宰相中将、顕雅(源)朝臣、俊(藤原)忠(藤原)朝臣、蔵人宗輔(藤原)、実隆(藤原)、蔵人源仲正、并七双也、不被定念人、書様大略如弓場始所掌簡、書了不読之、少退西而居、又無懸物、次依次射之、三度射了漸及衡黒、有別勅命延〔マ、〕為五度、主殿寮挙炬、其儀如弓場始儀、五度射了前方勝、下官退入、次入御、次公卿退出、

今日中的人々、
中宮権大夫二、　右兵衛督二、　頭中将(源国信)一、　尾張守(忠教)二、
四位源少将(顕雅)一、　蔵人明国四、

後冷泉院御時□此事
後冷泉院御時両度有此事、准件儀所被行也、次下官為御使参院、及深更帰参関白殿、中御返事退出、
廿五日、乙卯、天晴、早旦参大殿、次参関白殿、

季御読経之事
次参内、依為季御読経行事也、仰右少史俊忠(清原)、令奉仕装束、其儀南殿御帳帷巻之、帳台内立仏台、奉懸釈迦像、其前立香花仏供机、香花机左右立燈台、仏供机左右進南立大花瓶、御帳巽坤角、置師(子脱カ)形、御帳東○(辺)寄北立聖供机、御帳前立行香机二脚、母屋毎間懸彩幡、簀子南階間南北妻、立散花机二脚、母屋東第一二并東庇并三个間六行、設左方衆僧座、其前立経机卅前、安大般若一部、南北為妻、西一行敷両面端、為僧綱座、其残敷緑端、為凡僧座、西第一二三間母屋庇五行設右方衆僧座、立経机卅前、安御経一部、東一行敷両面端、為僧綱座、不敷出庇、其後四行緑端布端等為凡僧座、敷出南庇、件座上立啓(マヽ)、為従儀師座、南庇当仏前敷半帖二枚、両面端、為導師咒願座、其座東相分敷長筵、為分花僧座、南庇設公卿座、并簀子敷出居座、庭中設堂童子座如常、未刻中宮大夫、民部卿(源俊明)、左大将、新中納言、治部卿(藤原通俊)、江中納言(匡房)、中宮権大夫、右兵衛督、新宰相(藤原宗通)中将、皇太后宮権大夫、左大弁(藤原季仲)参上左杖、次上卿召下官被問僧参否、次下官奏聞事由、可定申御前僧之由仰上卿、々々以左大弁令書其定了、以下官被奏聞、勅可之後下上卿、々々給下官、々々結了起座給史、々給威儀師令告之、申刻上卿以下官被奏事具由、勅許了出陣、仰可令(打脱カ)鐘之由上卿仰下官、々々仰史打鐘之後、蔵人右少将宗輔(藤原)著御前出居座、御前御装束一如恒例、仍不能委記也、南殿出居左少将有家朝臣(藤原)著左方座、右方出居中将顕実朝臣(藤原)遅参、事始之後参著、次中宮大夫、民部卿、左大将、新中納言、治部卿、中宮権大夫参上御前、江中納言、左大弁参上南殿、次御前僧威儀師慶俊前行、権大僧都良意、権少僧都隆禅、今日依申興福寺権別当慶賀已遅参、事始之後参著、権律師賢暹、林慶、三会已講永縁、頼厳、智尊、已上興福寺、公伊、増珍、応覚之外、凡僧十口、之内御導師範経祠候、故実也、参上著座南殿、僧権少僧都林豪、経範、権律師慶増、行政、勝覚、仁豪、公円、法橋源懐(快)、俊観已下参上、従儀師静算為引頭、次威儀師

差定御導師事
差定御前御導師法用僧等、次権律師賢暹著御導師半帖、次打磬、堂童子著座、左方下官并治部少輔懐季(藤原)、右方民部大輔行信(源)、治部大輔敦兼(藤原)、唄師発音之後、堂童子頒花莒、法用了収花莒、堂童子退、次蔵人右少将宗輔仰御願趣、此間南殿堂童子参上、法

行香
用之後、令左方出居有宗朝臣（源）仰御願趣、事了有行香、
御前公卿八人列立、蔵人雅職（源）取火舎、南殿左方公卿二
人、頭弁（源師頼）、権弁（源重資）、下官、大夫史（小槻祐俊）、外記二人立之、右方
殿上人并堂童子立之、行香了御殿并南殿僧侶公卿出居
依次退下、次下官退出、

内裏触穢之間被行季御読経事
内裏触穢間被行季御読経例
天暦二年三月廿四日　同三年七月十日
治暦二年十月廿五日
今日参左府第、宣下云、松尾、平野、杜本、当麻祭以
次申日行之、当宗、梅宮祭以次酉日行之、大神祭以次
卯日行之、広瀬、龍田祭以後吉日可行者、

御書所作文事
今夜御書所作文也、題云、禁庭松表貞、式部少輔隆兼（大江）
為序者、於宮御方（篤子内親王）釣殿講之、依天気也、

引茶事
廿六日、丙辰、午後参大殿（藤原師実）、次参関白殿（藤原師通）、次参内、今日
有引茶事、依御物忌不昇殿、仍不見御前儀、但南殿儀
下官行之、雑色、所衆等引之、左右相分可引之也、而
所参之雑色、所衆四人也、依人数不足、先引左方之後、
右方引之、頃之退出、入夜帰参宿侍、今夕殿下参御々
宿侍、

番論議
廿七日、丁巳、早旦参関白殿御直廬、内々相定今日番論
議僧名、示隆禅僧都、未刻御前僧等参上、頃之殿下令
昇給、頭弁奉殿下仰、下知権少僧都隆禅、令番論宗、
此間蔵人僧綱座前置敷菅円座二枚、為問答者座、南庇
東第一二間敷黄端帖、為南殿僧座、頭弁番僧綱、弓場
殿立蔀内立床子、南北対面、頭在北南面、僧綱在南北〔面脱カ〕、威儀師在東西面、五双結番了頭
弁先内覧、次奏聞、勅可之後、番僧率論宗参上著座、
先表白、次召論議僧名、先召答者、次召問者、一番永縁、三会講〔已脱カ〕、応覚、
二会已講、二番長誉、興福寺、範延、薗城寺、已上御前僧、三番静耀、薗城寺、快尋、
興福寺、四番頼快、延暦寺、覚厳、東大寺、五番実助、延暦寺、■静禅、薬師寺、
静禅奉仕随喜、御導師二番之間、下官参院、入夜帰参
宿侍、
廿八日、戊午、辰刻参御直廬、申請雑事、末〔未〕刻中宮大夫（源師忠）、
権大夫（藤原能実）参上左仗、頃之治部卿（藤原通俊）、江中納言（匡房）、左大弁（藤原季仲）参上、
頭弁奉仰、被仰可打鐘由、次出居公卿僧侶参上之儀如

発願日儀、中斜事了有行香、御前公卿不足、殿上人六人立之、蔵人盛(源)家取火舎、事了僧侶公卿出居退下、次中宮大夫已下著左仗、予居饌、権右中弁重(源)資朝臣勧盃、次左大弁起座著床子、左大史成(中原)俊申文、次大弁著座、中文儀如例、次史退出、次公卿已下退出、今日御読経結願、南殿版撤仏聖供机、立仏布施机如例、

今夕参院、御書所作文、題云、春暮絃哥裏、

廿九日、己未、午刻参殿、次参大殿、次参院(白河)、次帰華、

今日宣下中宮大夫云、以右近将曹下毛野近末、可為陸奥国御馬交易使者、上卿直被仰下官、々々仰左大史成(中原)俊了、

（東洋文庫旧蔵広橋本右少弁平時範記）

八月

廿三日、庚辰、公家御祈歟、本記有其趣 被始行五壇御修法、不並壇各別修之、令蔵人雅(源)職仰御願趣、

（修法要抄雑例）

九月

四日、庚寅、今夕権大僧都定賢、率六口伴僧、勤修白衣観音法、以蔵人令仰御願趣、

（修法要抄雑例）

廿三日、今夕僧正仁覚、率廿口伴僧、始行熾盛光御修法、壇所如日来、令蔵人盛(源)□(家)仰御願趣、

（平記十四、時信記大治六年正月十一日条）

十月

十五日、辛酉(未ヵ)、今日五壇并熾盛光御修法、有御結願、

十七日、癸酉、金色等身七仏薬師像御供養、導師、天台座主仁覚僧正供養之、密供養、法花マタラ、金色等身延命像御供養、導師良意権大僧都、密供養、

御修法七壇、

七仏薬師、僧正仁覚廿口伴僧勤修之、用今夜新仏、

六観音、七八月為御息災、所被造立金色等身像也、而卜吉日御修法、次被開眼供養、仍毎壇賜仏布施并阿闍梨布施、

聖観音、法印仁源、千手、権大僧都良意、十一面、法眼長覚、

馬頭、権津師公円、准胝、権少僧都経範、件東寺人可勤修也、仍雖上臈所参仕也、如意輪、

法橋俊観、

已上各伴僧六口、各別壇所也、

尊勝寺仏眼マタラ、於本御修法壇所有御供養、即以件御仏可始行御修法由被下知了、各遣仏布施并布施如例、

長日不動御修法、阿闍梨俊観、転如意輪御修法、替召大法師静信了、

始自今日、主上（堀河天皇）令書写始金泥心経并仁王経給、今夕戌刻太上（白河）天皇令受戒給、権僧正隆明、法眼勝覚依召参上、隆明啓白、其儀如例、事了権僧正被物、民部卿（源俊明）取被物、顕季（藤原）朝臣取布施、法眼同賜被物、左宰相中将（藤原保実）取被物、因幡守長実朝臣取布施、儀出密々、毎事者〔省〕略云々、仍不尋記之、今日五ヶ日、太皇太后（藤原寛子）於京極殿、始五時講云々、

十八日、甲戌、今日権律師暹《賢》奉仕冥道供、

廿七日、今日於延暦寺、以千口僧、被転読仁王経、口別五部、左少弁有信（藤原）参上、行事左近少将有家（藤原）朝臣、昨日奉御願趣、同仁王会、供養料口別一斗、成宣旨云々、諸国布施、口別○《各》一疋云々、

廿九日、令打鐘、次御前并南殿出居被参上、次中宮大（源師忠）夫、左大将（藤原忠実）、前大弐（藤原長房）、中宮権大夫（藤原能実）昇殿、参著御前、御〻前〻僧法印権大僧都頼尊以下参上、治部卿（藤原通俊）、左大弁（藤原季仲）被著南殿、、、僧権律師行政以下参上、同時朝座発願了、下官勤〻〔之〕、御前堂童子、朝座了、夕座如初、事了有行香、其儀如例、次僧侶公卿出居〔脱アルカ〕、依仰、下官（時範）仰中宮大夫、〻〻来月五日廿一〔二〕社奉幣事、今日〔大〕■極殿惣講師権大僧都良意、

卅日、今日権律師賢暹仕冥道供、

十一月

廿二日、戊申、今日七仏薬師、并白衣観音御修法結願云々、

廿四日、庚戌、辰刻大地震、卅《余》年以来、未有如此地震云々、

改嘉保三年、為永長元年云々、

永長二〔元〕年十二月十七日

被免犯八虐者例、

天慶元年、依地震改元、　天徳元年、依水旱改元、
天延元年、依天変地震改元、　貞元々〔元〕年、依火事地震改元、
長徳元年、依疾疫天変改元、

十二月

五日、公卿使右近中将藤原朝臣〔仲実〕、依暁亡穢不参、

十五日、辛未、仁王会、

権僧正隆明尚称故障、惣講師権大僧都良意云々、大極殿其儀高御座内立仏台、新図五大力像奉懸之、次諸僧左右方相分参上、左方威儀師慶俊為引頭、権少僧都経範為上首、右方従儀師静尊〔算カ〕為引頭、権大僧都良意為上首、

十五日、辛未、辰時著束帯参殿下〔藤原師通〕、令申云、権僧正隆明尚称故障不参仕、惣講師以権大僧都良意可令勤仕歟、仰依請、次参大極殿装束使、其儀高御座内立仏台、奉懸新図五大力像、其前立香花仏供机、高御座壇上立仏布施机、件仏布施、以青色絹裹之、綿十屯、同壇〔脱アルカ〕花仏供机、高御座壇上立仏布施巽坤角立大瓶、壇下艮角立聖供机、同壇乾角立御経机、紫檀地机、在同御経八相并台、其内納新写金泥仁王経一部、同壇巽坤角立散花机、件机四脚、皆有覆地敷、但南北与壇平頭立之、壇南辺立行香机二脚、有地敷、北庇除最中間之外、東西各四箇間懸速〔連〕新図百仏像、一方五十躰、二重懸之、已上廿五行也、左相加五十行、其前修理職構打棚、南面又板、々〔打〕上押蛇舌、件打棚上排批香花仏燈明等、燈明構燈階燃之、花瓶轆轤瓶上押薄作花、皆悉用桜花、母屋南面引綱懸幡、又前机上覆繍前垂高御座并蓋高座懸少〔小〕幡如例、南庇中央間立蓋高前〔座脱カ〕机上覆繍前垂、高座前立礼版二脚、母屋東第一二三〔間脱カ〕并東庇三重立高座、北一行廿脚、南二行各十五脚、北並第一高座与南方高座平頭、南北行敷南面〔両〕端帖二枚、為左方法用僧座、其後敷緑端帖為威儀師〇〔座〕、右方蓋高座并法用僧従儀師等座、唯左方可知之、惣講師蓋高座前机上置呪願、百高座前机上各安墨字御経一部并呪願文等、威従立標如恒、南庇東第一二三間絞〔設カ〕公卿座、南面端半帖大臣座、緑端半帖納言座、黄端長帖宰相座、有下敷筵、庭中敷堂童子座如例、東廊昭訓門以南設上達部座、并少納言、外記史等座、如御斎会儀、同廊北辺東面設大祓座如例、少〔小〕安殿左右方相分、中央一行対座、設僧座、内蔵寮、

大膳職、大炊寮、修理職等、設熟食如例、西廊西廊(衍カ)懸鐘、東廊座下官参著、外記史式部弾正同以祗候、神祇官居祓物、神祇官人参上、解除如例、事了(予)起座、同刻新大納言(藤原家忠)参上、当日行事上卿也、未刻民部卿(源俊明)、左大将(藤原忠実)、二位中納言(藤原経実)、左兵衛督(藤原基忠)、治部卿(藤原通俊)、左(右カ)兵衛督(源雅俊)、左宰相中将(藤原保実)参上、此間上卿召外記、被問諸司并堂童子具否、次召下官、々々参上、被問僧参否、申僧綱五口未参上由畢、次退向東福門廊辺、諸僧頒新調、袈裟百帖、僧正十三口料紫甲袈裟、今一口料紫甲不足、仍用櫨甲、其残皆悉用櫨甲、威従二口料、称先例給料、次下官参東廊座、申僧侶皆参之由、次上卿仰下官令打鐘、下官申請云、先例臨時仁王会或有出居或無之、外記所申不同、為之如何、加之少納言遅参、若被相待者、刻限欲過、随仰将進止、上卿命云、少納言遅参、少納言而刻限已成、雖無出居、被始何事在哉者、下官起座、来弁座、仰左大史祐俊(小槻)宿祢、令打鐘、次諸卿起座、入堂、于時申刻也、次諸僧左右方相分参上、左方威儀師慶俊為引頭、権■(少)僧都経範為上首、右方従儀師静算為引頭、権大僧都良意為上首、左方右方僧出自東福面福(西華)西華両門、経龍尾壇昇自中

階、惣講師権大僧都良意、讃(読カ)師法橋静仁登高座、法用僧威従座定、咒願権少僧(都脱カ)経範、三礼法眼寛慶、唄法眼覚意、散花権律師公円、百僧登高座、従儀師静算取出在箱御(経)○置講師高座士(上歟)、次従儀師打磬、次堂童子五位大夫十人著座、左方五人、右方五(人脱カ)、図書官人各一人列之、次唄師、法眼覚意、発意(音)、堂童子参進分花莒、次散花師権律師公円、発音、諸僧行道、右廻一匝、先左方、次右方、行道畢諸僧復座登高座、次堂童子収花莒退去、次講経説法畢、僧侶退、次諸僧。退、次諸僧(衍カ)少(小)安殿座、諸司著饌如例、本同官人、各以役仕之、此間下官頒給諸僧布施、僧綱料史取之、凡僧料史生取之、各置座前、但惣講師咒願読師料不置之、追依可給也、次上廊(卿)召下官、被仰可打鐘之由、下官仰史、次公卿復座、次諸僧参上、自壇上著座登高座、次打磬、堂童子著座、唄師発音之後、堂童子分花莒、散花行道畢、堂童子収花莒退去、次中使右近中将顕実(藤原)朝臣参上、自東方先請益上卿、次就惣講師高座、仰賜度者由、講終頭左少将有家(藤原)朝臣取講師布施、出自右方賜之、次々左少弁有信(藤原)取咒願権少僧都経範布施、下官取読師布施、出

自右方賜之、講演畢、諸僧降自高座退出、法用僧及僧綱等尚留立、次有行香、左方公卿行之、右方殿上人行之、（殿上人不足、仍左少弁有信在此例、〔列〕）南栄壇上敷筵、（兼敷之如例、）次僧侶退、次諸卿退、次所司参上、撤御装束、于時酉刻也、降雨、

　僧名　布施法　供養法　袈裟法、

次下官参左府（源俊房）、伝　勅宣云、慶耀大法師可為円宗寺法花会講師者、依日近、不被仰竪義也、次参内、民部卿参左仗、定申法勝寺大乗会日時、（来十七日、癸酉、）僧名即以下官被内覧之、次被奏聞、即以返給、次治部卿参上、定申円宗寺法花会日時、（来廿四日、甲辰、〔庚〕）僧名以下官被奏之、（内覧被免也、）奏聞之後返給了、今日於東大寺以千口僧被転読観音経、（興福寺百口、専寺三百口、薬師〔寺脱カ〕百口、七大寺百口也、）法印権大〔僧脱カ〕都頼尊為導師、権右中弁重資朝臣為勅使、仰度者并御願趣、以三万巻為御巻数、申刻発願云々、是則依天変地震并御慎等所被行也、布施各一疋、用栄爵叙料、供養召諸国賜之、
又於七大寺、各屈十口僧、限七箇日、被転読最勝王経、依同御祈也、
又於延暦寺、以六十口僧、限五箇日、被転読大般若経、依同御祈也、

　已上自官下知之、

又於薗城寺、始自今日、限十箇日、被行百座仁王講、都合千座、依同御祈也、自蔵人方下知之、

嘉保三年十二月十五日、

今夜被始御修法六壇、

熾盛光天台座主仁覚、（伴僧廿口、）仁王経権大僧都定賢、（伴僧廿口、）

尊星王権大僧都良意、（伴僧八口、）八字文殊権律師公円、（伴僧六口、）

葉衣観音法橋経暹、（伴僧六口、）延命法橋俊観、（伴僧六口、）

（元亨三年具注暦裏書）

十七日、大殿（藤原師実）渡御大炊殿、仍為御使参上、申群議旨、仰云、件年号字永長何小事〔等カ〕立〔在イ〕哉、但重〔主イ〕被尋諸卿、随被申、可有一定、次参殿下（藤原師通）御直廬、令申此旨、仰云、永長所勘申後漢書文也、已為規模、然而就他文、有忌諱否、重可令定申、承徳々字火徳水徳相承之条、頗不穏便、可被用否、重可被定申云々、人々一同定申云、永長字称

謂九吉、已避忌諱、加之所勘申権中納言大江朝臣(匡房)、就他文、又無其忌之由所申也、偏被用何事在哉云々、於陣仰大臣云、依定申以永長為年号、

（尊経閣文庫蔵時範記、内閣文庫蔵和学講談所本歴代残闕日記、十五）

承徳元年（永長二年）

正月

五日、同入眼次日例 庚寅、天晴、早旦参殿(藤原師通)、内覧申文、次参内、午刻頭弁(源師頼)参上、被奏吉書、次被奏申文、次下官(時範)奏申、次下官参大殿(藤原師実)、先是殿下渡御、申請雑事之後参内、此間殿下参御、次於昼御座択申文、申刻蔵人盛輔(藤原)始奏文書、次供朝夕膳、次蔵人奉仕御装束如恒、酉刻左大臣(源俊房)被参、戌刻殿下令昇給、出御殿上、先以頭弁被奏事之由之後、以頭弁被仰叙位召仰事於大臣、次頭弁奉殿下仰、令蔵人盛輔召群卿、次大臣参上殿下、次殿下率大臣参上、被著大臣座、次中宮大夫(源師忠)以下取莒文、次納言以下著座、次殿下依天気、令著御前円座給、次大臣依召進著円座、次大臣奏十年労、次召人、下官参上、召続紙、即以持参、二巻、入柳莒、大臣奉仰叙之、先被奏式部、民部省奏、次召左大弁(藤原季仲)、召院宮御申文、頃之持参、奏聞之後叙之、次召諸国功過文書、左大弁読若狭国帳、中宮大夫被定之、此間執筆召下(官脱カ)、々々参上、召入内一(マヽ)加階勘文、頃之持参奉大臣退還、子一刻叙以畢、大臣召民部卿(源俊明)給叙位、民部卿出于殿上開之、次大臣退出、次撤莒文、弁官等役之、次民部卿向左仗、下官申于殿下、次奏聞、仰民部卿云、藤原忠宗可為従五位下、太皇太后宮(藤原寛子)当年御給、其次上卿以下官被奏云、今夕雖須行入眼事、諸司不具、而治安二年、万寿三年、長元四年次日行入眼事、然者明日参上申行如何、先申殿下、次奏聞、仰云、聞食、上卿以叙位給外記退出、下官退出、

蔵人少納言成宗(源)叙従四位下、強雖辞退、押以被叙、古今未有此例、左衛門志惟宗国任依明法博士労叙爵、式部丞依一二﨟辞退、以上﨟信忠(藤原)叙之、

六日、辛卯、民部卿参上、行入眼事云々、（夕拝部類、叙位儀）

二月

廿六日、辛亥、今夜権大僧都良意、修白傘蓋仏頂法、依天変也、令行事蔵人仰御願趣、（修法要抄雑例）

十月

一日、辛巳、早旦参高陽院、午後参　大殿（藤原師実）、申刻参内、蔵人改夏御装束供冬御装束如例、晩□（頭カ）民部卿（源俊明）、左衛門督（藤原公実）、左兵衛督（藤原能実）、右兵衛督（源雅俊）、左大弁（藤原季仲）被参、頭弁（源師頼）奏事由、仰云、無御出、依例行之、次公卿暫起仗座、仰下官令（平時範）居物、弁備畢、下官触民部卿、次公卿著座、一献少納言懐季（藤原）、二献下官、三献少納言家俊（源）、次上卿見〻参、次上卿起座、於東中門令蔵人家時（源）奏見参、勅可之後返給、次上卿帰仗座、召少納言家俊被下見参、召左少弁有信（藤原）被下禄目到（録歟）、次上卿以下退出、下官帰畢、

二日、壬午、早旦参高陽院、午刻参　大殿、次参内、次参八省、今日依有秋季仁王会也、大極殿立百講座如例、其儀見于年〻記、権大僧都慶朝為□（虫損）講師、検校二位中納言（藤原経実）、左宰相中将（藤原保実）参上被行事、朝座散花以後、触事由於左少弁有信（藤原）参内、以西渡辺為南殿代、奉仕御装束、図書寮勤之、御殿供張御装束如恒、昼御座五間也、仍不違恒例儀、酉刻中宮大夫（源師忠）、右大将（源雅実）、民部卿（源俊明）、左衛門督（藤原公実）、左兵衛督（藤原能実）、右兵衛督（源雅俊）参上左仗、以下官被奏事具由、于時殿下（藤原師通）御於殿上、下官申事由、次奏聞、勅可畢、出陣、仰云、早久上卿可打鐘之由、仰下官、〻〻仰史令打鐘、次中宮大夫、右大将、民部卿、左兵衛督被参殿上、次御殿南殿出居次将昇、次殿下、中宮大夫以下参上、参上於御前、左衛門督、右兵衛督昇南殿代渡殿、次御前南殿僧徒相並参上、（権大僧都隆禅為御前講師、法橋源懐（快）為読師、権少僧都林豪為南殿講師、）下官勤御殿堂童子、朝座了間、検校上卿宰相被参内、僧侶公卿出居退下、次下官依召参殿上、中宮大夫被仰可打鐘之由、（先是以頭弁（源師頼）被奏云々、）次打鐘、次出居僧公卿参上之儀、如朝座、事了有行香、御殿公卿六人、殿上人二人行之、蔵人家時（源）取火舎、南殿弁少納言出居将相加行之、事了両□（方カ）僧公卿出居退下、

今日仁王会呪願被載地震并彗星変、

次諸卿被率参宮御方（篤子内親王）、講説了、行香如常、次下官退出、三日、癸未、早旦参殿（藤原師通）、覧文書、次参内奏之、次参高陽院、今日被行御読経、其儀御殿南庇西第三間懸御仏、椰枇（排批カ）香花燈明仏供、其北立聖供机、同庇敷僧座如季御読経、敷公卿并堂童子座、立行香散花机同前、停出居座、其所設殿上人座、申刻民部卿、中宮権大夫（藤原能実）被参上、先打鐘、次僧侶参上、権律師定真、延真、永縁、証観、凡僧十六□（口并カ）廿口也、威儀師慶俊為引頭、転読仁王経、殿上五位勤堂童子、事了有行香、蔵人所衆取火舎、行香了僧侶退出、次上卿退出、先是下官奉勅、仰上卿云、明後日不（可カ）被行廿二社奉幣、仍御読経縮一日、明日不（可カ）被結願者、是則依天徳四年十一月遷御冷泉院時例也、酉刻帰参内、民部卿被参左仗、召下官被仰云、勘先例行幸同日同時奉渡御竈神之時、不被勘御竈神日時、然者不可被勘之、至于賢所渡御日時者、或於蔵人方勘之、而先例或於陣勘之、早可被勘之、始御装束日時先例勘之、被立御帳日時同可被勘者、下官申云、早任先例可被勘者、即上卿被仰云、渡御高陽院日時、宜令勘申、兼又可奉渡賢所日時、可被立御帳日時、可被始御装束日時、同可令勘申、下官著床子、召右大史時真（豊原）下知之、頃之、持来陰陽寮勘申日時勘文四枚、一枚行幸日時、今月十一日辛卯、時戌二点、可出御自東陣、一枚可奉渡賢所日時、同日辛卯、時亥二点、一枚可被始御装束日時、今日癸未、時戌二点、一枚可被立御帳日時、今月十一日辛卯、時午二点、籠一懸紙、覧於上卿、〻〻命云、十一日太白在卯方、而出御自東陣可有憚否、重可問陰陽寮者、退召陰陽寮問之、申云、東門不当卯正方、仍所勘申也、下官此由申上卿了、次上卿召外記莒入之、以下官被内覧、即参関白殿（藤原師通）内覧之、次帰参内、奏聞依上卿命直奏聞之、次出陣下、上卿仰云、依勘文行之、行幸日時、賢所日時被下外記、御装束日時、御帳日時被下〻官、即上卿被仰云、十一日行幸可引黄牛二頭、不可儲水火童、不可供五菓、不可有御反閇、可被儲三个夜事、早可令下知其由者、件（等カ）小事兼被奏定也、

引黄牛不供五菓無御反閇例

応和元年十一月　日遷御新造内裏、其儀如此、子細見于御記(村上天皇)、

儲三个夜事無公卿禄例

天徳四年十一月四日遷御冷泉院之時、雖被設三个夜事、無公卿例(禄歟)、

長和五年六月二日遷御一条院之時、同前也、

長久四年三月廿一日遷御一条院之時、又以如此、

戌刻帰参高陽院、始御装束之後退出、

今日御祈願料米二千石支配諸国各遣、殿下(藤原師通)御教書了、依先例也、

四日、甲申、早旦参内、奏文書、其次申明日奉幣伊勢宣命事、仰云、明日廿二社奉幣、依天変地震事所被発遣也、被勘日時之後、大神宮正殿不被開之由所聞食也、然則伊勢宣命趣、載天変地震事、辞別可載大神宮正殿戸不被開事、早可仰権大納言藤原朝臣(家忠)、即奉消息於納言、大内記(藤原)俊信依病久不出仕、仍被仰左少弁有信云〻、次為御使参大殿(藤原師実)、次参殿、被申宇佐使事也、次参高陽院、酉刻民部卿(源俊明)被参会、御読経結願也、其儀如昨日、右兵衛督(源雅俊)被参、事了有行香、事了上卿以下退出、入夜下官帰参内、明日奉幣伊勢使中臣不候、仍沙汰其事、及深更退出、此間神祇権大副輔弘(大中臣)使者来、告輔弘参□之由、仍奏聞其由畢、今夕於高陽院被行土公御祭、大将軍御祭、王相御祭、主計頭道言朝臣(賀茂)奏仕之、蔵人修理亮佐実(藤原)監臨之、

五日、乙酉、早旦参内、依有廿二社奉幣也、先是上卿新大納言(藤原家忠)被参上、巳刻令下官奏宣命草、廿二社奉幣宣命草一紙、伊勢宣命辞別草一紙也、奏覧之後返給、清書遅之間、及未刻令奏清書宣命、其次被奏使王中御馬之由(衍カ)由、次上卿被渡八省、次下官参高陽院、仍不見御拝儀、依無南殿、於御殿巽角間有御拝、如御物忌時儀云々、臨昏参殿(藤原師通)、次退出、

六日、丙戌、早旦参内、次参高陽院、晩頭参殿、入夜帰畢、

七日、丁亥、早旦参内、次参高陽院、入夜参殿、次帰家、

八日、戊子、早旦参大殿(藤原師実)、次参高陽院、臨昏退出、

九日、己丑、早旦、参殿、次参高陽院、臨昏退出、

十日、庚寅、早旦参高陽院、行雑事、亦令始宮(篤子内親王)御方御装束、六位進惟(源)兼行之、巳刻依召参内、為御使参大殿并殿、依宇佐使事也、未刻帰参内、申御返事、次参高陽院、臨昏参内、入夜中宮大夫(源師忠)被参左仗、下官奏事由、下奉祭主太神宮司等解状、去月十七日戌刻大神宮正殿御鎰不被聞、仍例幣奉納東宝殿状、仰云、依何咎徴所致哉、宜令神祇官陰陽寮卜事、上卿被仰可令舗座由、下官退、下知史令敷之、次召外記令召官寮、次玄蕃允大中臣惟□(俊カ)、依無中臣官人、所令召民人也、神祇少祐兼(卜部)政、已上神祇官、主計頭道言朝臣、陰陽頭成(賀茂)平、氏歟大炊頭光(賀茂)平、已上陰陽寮、参上著座、下臈著中軒也、次上卿召惟俊、給解状、亦召道言朝臣被仰解状趣、亥刻御卜了、上卿令下官内覧持参殿下、即以帰参、直以奏之、依上卿仰也、勅可了、即出御鬼間、下官取紙筆参上、仰云、神祇官卜申神事不信并公家(堀河天皇)御慎由、陰陽寮召占歟申神事違例并穢気由、而伊勢事偏就神祇官御卜所被行也、宜令神祇官覆祇不信也、依延久元年□(例カ)書封紙可下之者、下官依仰書之、一枚朝家不信歟、封之、一枚使不信歟、封之、一枚本所不信歟、封之、已上三通加入御卜莒、出陣下、上卿仰云、重令神祇官卜申、頃之上卿令下官奏御卜、即参御前奏聞、主上(堀河天皇)令開給、朝家不信歟、卜木合、使不信歟、卜不合、本所不信歟、卜合、即乍三枚留于御所、依延久元年例也、帰出、仰聞食由於上卿、至于内覧依殿下仰不持参、以消息所令申也、次仰云、令勘申奉幣日時、召陰陽寮勘申、廿三日癸卯、時、令下官奏聞、次上卿退出、次下官退出、今日令主計頭道言朝臣勘申可被立宮御帳日時、十四日甲午、時午二点、覧于大夫(中宮)、〻〻被下〻官了、

又法成寺新堂也供養可□(准カ)御□(斎)会由、被下宣旨了、今日有五節定、頭弁(源師頼)被定申、右大将(源雅実)、治部卿(藤原通俊)、美乃守義綱(源)朝臣、美作守基隆(藤原)、

十一日、辛卯、天晴、早旦参内、次参高陽院、巳二点令立□昼歟御座、夜御殿御帳、已上新調之、又令立南殿御帳、酉刻主計頭道言朝臣参、奉仕西嶽直人七十二星鎮、支度在別、又奉仕散□(虫損)、民部卿不被供奉行幸、被候新宮、下官著闕腋衫、純(巡)方帯、螺鈿釼、弓箭等祗候、先令神祇官奉仕大

殿祭、戌刻行幸乗輿、〈花輦、〉留右衛門陣外、玄蕃允大中
臣惟俊供奉御麻、先是黄牛二頭牽立西中門外、左右馬
寮進ゝ〔之カ〕〈各一頭、〉史生二人、〈著褐衣布帯等□躰（袴歟）、□〔先カ〕例云々、〉頭別牽之、上卿并下
官立於中外、整其□〔行列カ〕烈、乗輿、入御自西門之間、黄牛
相並、〈左北、右南、〉徐行、主殿官人秉炬前行、黄牛至于版位南
池畔相並、北面而立之、〈左渡東、右留西、〉群卿列立南庭、乗輿輦
于南殿南階、□□〔宸儀カ〕下輿、内侍候釼璽、御輿退、次中務
官人録置版位、〈用旧宮版位、〉次少納言実明（藤原）奏進鈴由、次群卿
称籍訖、次渡御中殿、次黄牛牽一〔マヽ〕、東西廊、構張槽飼
蒭、〈左東、右西、〉次中宮大夫、右大将、新大納言（藤原家忠）、左大将（藤原忠実）、民
部卿、左衛門督（藤原公実）、二位中納言（藤原経実）、源中納言（源俊実）、治部卿（藤原通俊）、左
宰相中将（藤原保実）、左兵衛督（藤原能実）、右兵衛督、新宰相中将（藤原宗通）、右宰相
中将（藤原仲実）、左大弁被著右仗座、大膳職備饌、予以居之〈用大盤、〉先
一献、〈少納言家（源）俊勧之、〉次二献、〈下官□〔勧カ〕之、〉次三献、〈少納言実（源）明勧之、〉羞汁物、下
箸、先是供夕膳、〈頭中将（源国信）陪膳、〉次□〔出カ〕御昼御座、〈御直衣、〉左中弁師頼（源）
朝臣奏伊予国年料米ㅤ解〔解〕文、蔵人頭国信（源）朝臣奏内蔵寮臨
時□〔公カ〕用請奏、共下中宮大夫了、下官依陣召参上、被下

内蔵寮請奏□□〔経カ〕〔虫損〕退、此間下官下知蔵人令奉仕御装
束、其儀孫庇第四間以西及○楼燈□〔綱カ〕、西第一二三間敷
緑端帖、為公卿座、御座左右供御燈、□□〔公卿カ〕座前、〈当第三間西方、〉
立燈台、殿下（藤原師通）出御殿上、〈内蔵寮居饌、無盃酌儀、〉中宮大夫以下被参
上、次宸儀（堀河天皇）、出御昼御座、召人、蔵人頭師頼朝臣参上、
依天気出于殿上、告御出之由、〈目許也、〉次殿下、中宮大
夫以下参上、著御前座、〈大殿（藤原師実）御于鬼間、不令著此座給、〉次内蔵寮賜衝重
於公卿、□□□〔侍臣カ〕〔虫損〕〈六位役之、〉蔵人頭師頼朝臣勧盃殿下、ゝ官取瓶
子、〈師頼朝臣取□〔虫損〕杪有――――不請輩御前儀不続二杪一説也、〉次敷菅円座於南廂西第一
二三間、〈五位已下役之、第三間当昼御座西頭中央敷一枚、其西二行対座敷之、西第一間燈楼□〔虫損〕反之、〉次大殿令
著奥円座給、関白殿□□〔虫損〕第二円座給、中宮大夫、右
大将、新大納言、左大将、民部卿、左衛門督、二位中
納言□□〔相カ〕〔虫損〕著円座、次蔵人頭国信朝臣取御料紙、〈廿帖積折□〔敷カ〕居高杯、〉
進自円座中央、居于御座坤角、給公卿碁手料紙、〈大臣十七帖、〉
〈納言十五帖、参議十三帖、積折敷不居高杯、以上官行事所役也、〉次下官取切燈台、参進、云
替西燈台、取本燈台退入、次召人、下官参上、召筒簺、
下官□〔執カ〕筒簺、〈徒手、〉参上立上頭中央円座上、〈件等路経円座中央如初、〉次

召人、蔵人参上、被仰侍臣可進紙由、次蔵人左衛門尉盛家（源）参上、進紙、〈置于円座外南方、〉次下官参上、進帋、〈其儀如初、〉次蔵人頭師頼朝臣進紙、次公卿自下依次進之、次召人、蔵人盛家参上擲簺、次下官参上、取筒、殿下令入簺□〔給カ〕、下官打畳六退、次頭弁（源師頼）参進擲之、次公卿自下依次擲之、擲簺戯了、群卿退入、次入御、今日不賜公卿禄、〈子細見其〔去カ〕三日記、〉

今夕於二条殿新行儀、〈聞或人語記之、〉

公卿著殿上人座、〈本家仰大膳職、令設饌、而本職懈怠不居云々、〉主上（堀河天皇）出御昼御座、公卿依召参上、〈予敷円座於簀子、〉次有御贈物、左大将取御本、〈納紫檀地螺鈿莒、箒〔眼カ〕象服付銀持枝云々、〉二位中納言取筝、〈納錦袋、〉参進御前、備于上覧、退入付蔵人了、次被貢被馬六疋、〈左中将忠教（藤原）朝臣、少将有家（藤原）朝臣・家政（藤原）、右中将顕実（藤原）□□〔朝臣カ〕、少将能俊（源）朝臣・師時（源）等牽之、引廻了、〉押分賜左右馬寮云々、次群卿退座、殿下令候給、更召中宮大夫被行叙位、〈依勧賞也、〉藤原朝臣□〔信カ〕子、〈北政所、〉叙三位、〈高蔵殿（隆姫女王）北政〔所脱カ〕、大殿北政所（源麗子）一度令叙三位給例也、〉藤原朝臣通子、〈姫君、〉叙従五位上、

正四位下藤原朝臣行家、〈家司賞、〉

従四位下藤原朝臣家政、〈子息、〉

正五位下藤原朝臣盛実、〈家司賞、職事、〉

有女房贈物、〈構折櫃物積置之、織物染綾打絹五十疋、構桧破子、其中納綿三百両、〉

公家賜家司禄、〈白褂十領、黄衾等也、内蔵寮儲也、以蔵人宗仲（藤原）令渡家司了、〉

不被儲殿上并大盤所垸飯、賜諸陣并女官等禄云々、

自余省略、

行幸同時御竈神渡御、臨時被勘日時云々、兼日不可被勘之儀也、源中納言、頭弁、外記、史、左右衛門、兵衛等供奉如恒、皆以前行、源中納言被下勅授宣旨云々、亥時内侍所渡御、五位蔵人右近少将師時供奉、左右近次将以下供奉、皆以前行、内豎舁出之、駕輿丁持之、以北寝殿艮角塗籠為御在所、内蔵寮供□〔五カ〕色絹幣、納殿供五色紙幣、同（内歟）蔵弁侍御供、女房官〔女脱カ〕賜衝重、自余不能委記、

中宮（篤子内親王）依御衰日今日不行啓、来十四日可入御也、仍留御二条殿、諸衛可候啓陣之由、大夫仰外記云々、新宮儀、殿上、蔵人所、瀧口并公卿侍従、上官皆賜饗饌、女房并女官給衝重、諸衛諸司頒給屯食□〔虫損〕、〈宛諸司諸衛、〉

不供五菓、無水火童、無御反閇、其(去)三日記、

今夕宿侍、

十二日、壬辰、天晴、酉刻大膳職居殿上饌、官尉(厨カ)家居公卿座饌、自余不能委記、入夜中宮大夫(源師忠)、左衛門督(藤原公実)、二位中納言(藤原経実)、右兵衛督(源雅俊)、新宰相中将(藤原宗通)、右宰相中将(藤原仲実)、左大弁(藤原季仲)参著、盃酌之儀如昨日、此間弘庇鋪公卿座、供燈如昨、群卿参上、候于殿上、宸儀出御、召人、頭弁(源師頼)参上、奉仰告御出由、次中宮大夫以下参上御前、右近少将能俊朝臣勧盃、巡行之復(後歟)、鋪円座於南庇、次群卿依天気移著円座、次頭弁供御料紙、次賜公卿紙、次立替短燈台、次下官献筒簺、次侍臣献紙、次公卿献紙、次有擲簺之戯、事了群卿退下、次宸儀入御、今夕宿、諸陣所之賜饗屯食如昨日、

十三日、癸巳、天晴、所々儲饗饌如昨日、入夜殿下参御、中宮大夫、民部卿(源俊明)、左衛門督、源中納言(俊実)、右兵衛督、新宰相中将、右宰相中将参著仗座、一献、少納言宗俊、三献、下官、盃酌儀了、諸卿参上殿上、先是蔵人奉仕御装束如例、次主上(堀河天皇)出御、頭弁(源師頼)召諸卿、殿下、中宮大夫以下参進御前、頭弁為勧盃、次敷円座於南庇、次諸卿進候円座、頭中将(源国信)供御料紙、次賜公卿紙、次立替切燈台、次下官献筒簺、次侍臣献紙、次公卿献之、翫簺之興如昨日、事了諸卿退入、次宸儀入御、下官退出、

今日召主計頭道言(賀茂)朝臣、令勘申可出御南殿日時、十五日乙未、時午二点若申、内覧了奏聞、次下官奉中宮大夫被下外記、

十四日、甲午、今朝内裏所候天木各遣本寮了、巳刻参法成寺新堂、大殿(藤原師実)、関白殿(藤原師通)令参給、先是奉渡御仏了、次参内、未刻参六条御堂、以寝殿為御堂、々荘厳儀毎事美麗、晩頭被供養之、

僧正隆明引率廿口讃衆、就密教供養之、下官事未訖以前参中宮(篤子内親王)、依今夕有行啓也、下官著闕腋袍、螺鈿釼、純(巡)方帯、頃之大夫(源師忠)被参、下官召陰陽頭成平(賀茂)令勘日時、覧于大夫、次啓之、返給下大夫、々々被下々官、々々下属了、新大納言(藤原家忠)、左大将(藤原忠実)、権大夫(藤原能実)、左大弁(藤原季仲)、右宰相中将(藤原仲実)被参、戌刻成平参上奉仕御反閇、賜禄、先是大夫参上

被行召仰、事了、次寄御輿、花輦、次出自東門、自二条大路西行、自東洞院大路北行、自中御門大路西折、入御自北陣、下官不帯弓箭供奉御後、供奉諸衛如恒、出車十両、女騎八人扈従、簀御輿於東対東面、次輿退、次公卿称籍、権亮(源国信)問也、准曽、次公卿退出、

今夕僧正隆明引率八口伴侶、勤一字金輪法、依天変御祈也、令蔵人盛輔(藤原)仰御願趣、

今夜新堂御仏開眼也、

十五日、乙未、雨降、巳刻参大殿、次参内、今日始出御南殿聞食、旬為行事之故也、申刻殿下令参給、中宮大夫、新大納言、左大将、民部卿(源俊明)、左衛門督(藤原公実)、左兵衛督(藤原能実)、右兵衛督(源雅俊)、右宰相中将、左大弁参上右仗、酉刻宸儀出御南殿、内侍候御剣璽、女房八人扈従、已上内侍女房装束、青色唐綾紫目結裳、平釵子、無花、或云、可用紫未(末)濃裳、蔵人候式莒、御靴、次宸儀著御帳中倚子、内侍置剣璽於右机、蔵人置式莒於左机、次闈司候左掖門代外、以西中門廊西戸為件門代、次右近将曹一人率近衛一人、褐衣、出自本陣開門、左掖門代、次闈司立西中門奏、雨儀、勅答、令申与、次大監物説家(橘)率主鎰一人、入自同門立中門奏云々、勅答、取礼、監物主鎰等共称唯、給鎰退出、次閇門、将曹近衛引還、次内侍臨西檻、召人、大臣不参、仍無官奏、次出居左近中将国信(源)朝臣、蔵人頭著靴、出自右仗参上、昇自西階著座、次中宮大夫以下起仗座著靴、入自西中門参上著座、次出居侍従右馬頭兼実(藤原)朝臣、入自同中門参上著座、著北床子、此間堂上供燈、主殿官人挙炬、依雨晴立庭中、然而依庭湿庶事雨儀、次内膳奉膳以下八人舁御台盤、経東軒廊、来東階下、采女伝取、先改帊、不改冒額歟、八人舁之、陪膳舁前、入自東戸、至南庇東第二間之比、出居次将召内竪、二音、内竪等於同中門外、同音称唯、次内竪一人参進、立西軒廊内、次将顧仰云、御飯給へ、内竪唯出、采女立定御台盤、陪膳采女、若狭、留著草墪内、采女舁造酒司酒器、入自東戸、立南庇東第二間、先舁御台盤一脚、南北妻立之、次立酒器并錘子、次内竪立臣下大盤、予居箸匙、次取下器、内竪四人経馳道東渡、就進物所受索餅、予儲東中門辺、次酒番侍従著座、次供御四種、酢、酒、塩、醬、毎坏居中盤、有蓋、次給臣下四種、次下器、内竪帰度(マヽ)

過版位巽之間、献索餅、居中盤、有蓋、次賜臣下索餅、次御箸鳴、臣下応之、次供鮑御装羹、以件盤狭撤索餅垸不給臣下、次供御飯、居中盤、有銀蓋、次給臣下飯、次供進物所御菜汁物、先窪坏二坏、次平盛二坏、御汁物二坏并十坏、皆盛銀器、各居中盤、坏別有蓋、次供御厨子所御菜汁物、高盛八坏、焼物二坏、汁物二坏并十二坏、皆盛土器、居御盤一枚供之、無空在坏、次賜臣下菜物汁物、次御箸下、臣下従之、次一献、釆女供之、銀御酒盞、有蓋擎子、次酒番勧臣下、□□(唱手)、次内豎四人各持下器、経馳道著東階下、受取下物、一盤炊糅、一盤堅塩、一盤蔓菁茹物、一盤加焼□鯛堅魚、下盤別敷紙、更帰昇自西階至于公卿座前、公卿毎物一両箸分取之、至于出居賜之、上﨟一両分取之間、供菓子干物、内膳供之、菓子干物各四坏、一盤供之、次賜臣下、
次二献、給臣下、次開門、闈司奏、勅答、令申与、
次左近少将有家(藤原)朝臣、右近少将師時(源)、左衛門権佐、下官、縫腋袍、丸鞆帯、蒔絵剣、平緒、靴、右衛門権佐顕隆(藤原)、左兵衛佐基隆(藤原)、右兵衛府(佐カ)源安季、帯箭弓、各執番奏簡、入自左掖門代、列立西中門、北上東面、依上番左近(少脱カ)将有家朝臣奏云々、次下官奏曰、左右乃靭負司早久此月乃上番仁仕戸未つ留可支伴御奴乃各付乃簡進良牟と申給不と申須、次左兵衛佐基隆奏云々、勅答置个、次将同音称唯、次闈司二人入自同門列立兵衛府上、一々手転授闈司、一人授左三枚、一人授右三枚、是則依左少将有家朝臣確執也、先例一人取左右近左衛門、一人取右衛門左右兵衛、以之為善、闈司取簡至西軒廊之比、六府把笏揖、右廻経列前退入同門、下官営参、導引闈司昇自南殿乾階、経御後出東、入自南庇、経母屋東第一間、○出自同間戸就御後、授内侍、々々二人取之、一人取左近、一人取右近、就御帳車奏之、御覧之間、懸簡頭於置物机云々、残四枚不奏、闈司不経本路、自御後退出、件路尚可尋、若可経本路歟、
次三献給臣下、
次依臨夜景、被停庭立奏了、次釆女撤御膳、先以大盤撤四種、次蓋盤、次以大盤三枚撤之、次撤御台盤、次撤酒器、此間出居次将召内豎、二音、内豎参上、次将仰云、数多参衛せ、次内豎参上、乍大盤撤之、
次公卿退下、次震(宸カ)儀入御、出居次将称警、次還御本殿、
今日無見参事、二孟之外、無此儀云々、
今日早□(旦カ)装束司奉仕御装束、其儀御帳南東西三面奏巻歟帳、其内敷両面端莚三枚、□(立カ)整御意(倚カ)子、在錦毯代、御帳東西間、自北柱下立御屏風御帳後、敷緑端帖為内侍座、御後障子内敷両面端帖為執政御座、其西間儲御装物所、

其西設女房座、自南庇西第三間西頭、至于同第一間立
兀子床子為公卿座、如装束司記文者、自第三間可敷者、西階北第一間壁下、
立床子二脚為出居座、御殿巽壇上立床子二脚為酒番侍
従座、西中門北腋、造酒司持酒具而候、今日法成寺新
堂供養試楽云〻、今日夕主計頭道言（賀茂）朝臣、於大極殿奉
仕三万六千神御祭、蔵人佐実（藤原）監臨、
十六日、丙申、未刻参大極、有試楽、此間下官参内、晩
頭退出、
十七日、丁酉、天晴、今日有法成寺新堂供養事、件御堂宇治殿（藤原頼通）令建
立給、永承五年供養之、而天喜火事之後未複〔復カ〕旧基、爰太閤（藤原師実）仍旧結構土木功了、遂以今日所被供養也、去十日可准御斎会之由、左大臣（源俊房）於里第
奉之、下知官外記了、前一日堂荘厳、其儀南裳層東一二三四間、東
南両面懸御簾、為太皇太后宮（藤原寛子）御所、東第四間設御座、
北政所（源麗子）同御于此所、同第三間以東并東面為女房候所、
西裳層為大殿御休息所、南栄西第五間以西設上達部
座、中門内東西腋敷弁少納言式部弾正等座、同中門左
右廊為楽屋、其前各立大鼓二面鉦鼓等、東西廊立長床
子為衆僧座、金堂西廊外引幔立床子為衆僧集会所、阿
弥陀堂北廊設上達部殿上人座、
当日寅刻発音声、神分、卯刻分給僧十四口法服、辰一刻
打衆僧集会鐘、午刻関白殿（藤原師通）、中宮大夫（源師忠）、新大納言（藤原家忠）、左
大将（藤原忠実）、民部卿（源俊明）、左衛門督（藤原公実）、右衛門督（藤原基忠）、源中納言（俊実）、二位
中納言（藤原経実）、治部卿（藤原通俊）、左宰相中将（藤原保実）、左兵衛督（藤原能実）、右兵衛督（源雅俊）参
会阿弥堂、先有盃饌事、次大殿出御、相率入自中門、
令著堂上座給、次少納言実明（源）、右少弁下官、権少納〔衍カ〕外記
記〔衍カ〕清原信俊、左少史同俊忠等著中門内座、式部弾正省
台、入自中門左右分著、式部在東、弾正在西、未刻威儀師慶俊、覚
俊等召計従僧、入自中門、敷草墪座於東西、威儀師予
立標、此間楽人等発楽、先新楽、左近将監狛光季振桙、次古
楽、右近将監多資忠振桙、次共一節、左右共振、次師
子出臥舞台巽坤角、次吹調子、壱越調、次雅楽寮率楽人等、
東西相分、出自中門、行向衆僧集会幄許、発音楽、韶応楽、
経本路到楽屋前而立、楽不止、此間師子舞、次治部玄蕃
省寮、
率衆僧、経同路到僧座前、而留立標下、僧侶各立座前、

楽止著座、引頭法印権大僧都覚信、法眼静意、衆僧著了後著之、證誡前大僧正覚円、大僧正仁覚□〔不ヵ〕列衆、入自仏後著堂中座、次雅楽寮率衆僧列前所、発音楽、河曲子、経前道到楽屋前而立、師子立舞如前、次省寮前行、呪願権僧正増誉、道〔導〕師法印権大僧都頼尊乗輿、執蓋者相従、到舞台巽坤、省寮留立、導師呪願下乗、経舞台就礼版礼仏、諸僧惣礼了、各登高座、呪願在東、導師在西、省寮并執蓋者率還、次堂童子著座、左方散位（藤原）知家朝臣、太皇太后宮大進（源）清実朝臣、前上野介（源）業房、治部少輔（高階）経敏、散位（高階）敦遠、（源）盛雅、（源）師隆、著蒲萄染下襲、馬脳帯、鼻切沓、右方造興福寺次官（高階）能遠朝臣、散位（源）盛長朝臣、散位（藤原）盛実、前石見守□□〔宗季ヵ〕、甲斐権守（藤原）永実、遠江権守（藤原）為宣、参河権守（藤原）宗佐、著鸚躅下襲、斑犀帯、鳫鼻沓、図書官人為先、次図書寮打金鼓、次発音楽、十天楽、次迦綾〔陵〕頻六人、胡蝶六人、菩薩十二人各棒供花、二行相分、経舞台到御堂壇下、授十僧了、楽止、迦綾〔陵〕頻、□〔胡ヵ〕蝶著舞台上草墪、菩薩留立舞台上、即発菩薩楽供舞、次加陵頻従楽供舞、次胡蝶従楽供舞、次打金鼓、楽人発楽、河水楽、次唄師権大僧都慶朝、隆禅、権少僧都林豪、経範、起座著堂上座、楽止、次定□□〔者ヵ〕人進自東西昇舞台礼仏了、就机下取火舎而立、次金鼓、唄師発音、定者随音徐行、次堂童子起座、取花莒頒僧、了復座、次散花、権少僧都仁豪、法眼実覚、寛慶、権律師澄観、各起座昇舞台北面而立、引頭率衆僧徒〔従歟〕之、此間楽人相率左右分立、散花発音、楽人発楽、鳥向楽、左右相並、舞人為先、取物為後、昇舞台進自衆僧中加立定者前、師子在前、定者、散花、引頭、行賢、観□〔快ヵ〕、納衆、讃衆、梵音、錫杖等僧、依次行列、経舞台東西相並行、到大行道了、大行道時一列、於堂前為輪、帰著如初、定□〔者ヵ〕無机下、衆僧出了時、置火舎、加錫杖衆末、楽人先列立楽座前、衆僧著座了、楽止、楽人入楽座、次唄師下堂復座、威儀師二人昇舞台、就案下取願文、呪願文、授導、呪、次打金鼓、楽人発楽、応天楽、次讃衆起座、昇舞台唱讃、音頭持鉢、自余持花莒之定、楽止、先東寺、次天台、唱了、又発楽、海西楽、讃衆復座、楽止、次打金鼓、楽人発楽、宗〔崇〕明楽、梵音衆昇舞台唱梵音、音頭持香炉、自余持花莒、唱了、退還如初、次発音、□〔虫損〕柱□、打金鼓、次発楽、秋風楽、次錫杖衆昇舞台、供錫杖、皆持錫杖、但退時逆持也、了、退帰

如初、次初楽、越天楽、退帰如初、堂童子取花筥退入、
次筥退入、次導師表白、次勅使左近中将忠教(藤原)朝臣先参
堂上、申事由於殿下、次就導師高座辺、仰賜度之由、
導師随喜、仰了退入、次敷円座於公卿座末、公家御誦
経、信濃布五百端、使右馬頭兼実(藤原)朝臣参上、家司修理権大夫
為房(藤原)朝臣申事由、使著座、賜禄、大褂一領、降自西階、
於巽坤角庭再拝退出、次中宮御誦経使権亮国信(源)朝臣参
上、賜禄如初、先是賜衆僧禄、本家布施之外、太皇太
后宮、中宮(篤子内親王)、北政所、関白殿皆有加布施、其法在別、但本家被物、導師、
呪願、引頭、唄、散花、堂達、納衆等中僧綱皆有被物、事了、導師、呪願降自高座、此
間発楽、長慶楽、就礼版礼仏、了退出、省寮率帰初、次
打金皷、次左右遞供舞、先供安摩二舞如例、此間依臨
昏黒、挙庭燎、次左万歳楽、右地久、次左散手、右帰
徳候、次左陵王、右納蘇利、次大殿、関白殿還御、諸
卿退出、太后還御、依臨暗夜取被物并布施人々不見、
子細追可尋□〔記カ〕之
今日無勧賞事、

楽行事、左方中将忠教朝臣、右方少将能俊(源)朝臣、
十八日、戊戌、今日参院(白河)、次参殿、次参内、後聞於京極
殿有楽、密々有纏頭事云々、
十九日、己亥、早旦参大極殿、次参殿、内覧文書、次参
内奏聞、入夜帰畢、
廿日、庚子、早旦参院、申五節事、御返事云、紀伊守朝輔(藤原)
奉仕何事在哉、次参内奏此由、次参殿申此旨、次帰参
内、入夜退出、
廿一日、辛丑、午刻参内、為御使参院、被申二会講師事、
御返報云、今日々次不宜、仍不可被仰下、明後日奉幣
也、可有前後斎、仍講師事不能沙汰延引、或日追可被
仰下者、次参殿申此由、次参内奏聞此旨、次向中宮大(源師忠)
夫第、次帰畢、
廿二日、壬寅、早旦参殿、申請雑事、次参結政、官政始
也、先是権弁(源重資)被立仮借間、下官参上、次史著座、次下
官経晴路著座、次権弁被著、午刻民部卿(源俊明)、前大弐(藤原長房)参上、
被著左衛門陣屋、頃之被著庁屋、大弁共有故障不参、

仍史不結南申文、官掌作法了後、権弁下官起座、著許(深歟)沓列立廊外、少納言家俊(源)加列、外記来加史列、次入自廊□〔戸カ〕、少納言為先、著庭中版、上宣召寸、弁少納言先唯、次六位上官唯、次権弁先昇著座、依四位也、次少納言家俊著、次下官著、次権弁起座結申、次史、依次申文毎度上卿与奪、弁少納言乍居摩靴唯、事了、上官退出、弁少納言自下退、次権弁并下官脱深沓復座、次有請印、少納言実明(源)預之、次出立、下官并少納言家俊列立、宰相并上卿出自外記門南行、揖儀如恒、上卿入南所門内、下官不同、申文為不令称無字也、直以改列少納言相並南行、下官立棟樹下、少納言入門内、次上官立直、次権弁出自外記門南行、相揖如例、次権弁并下官立外記門外、弁侍法申、権弁与奪、次入門内、先是上卿宰相著座、少納言家俊著座、召大舎人、次権弁并下官著座、依大弁不参無申文理、須南座中少弁結申、為不称无家不法申、下著之後、少納言家俊勧盃、事了退出、

此間白雨俄灑、仍用雨儀、無出立、上卿以下相率参内、用大炊御門、上卿宰相著仗座、依無大弁、権弁依上卿気色行申文事、了権弁并下官著床子座、史相忠(文室)申文如例、次権弁起座、参陣腋、依上卿気色著宰相座、先是宰相移納言座、次史相忠申文、□〔匙カ〕文二枚、馬料文二枚、其儀如例、事了上卿以下退出、次参殿、申定明日奉幣宣命趣事、次参内奏聞、次向中宮大夫第、仰明日宣命旨趣了、

宣命趣、

去九月十七日神嘗祭幣帛、依大神宮正殿不被開、奉納東宝殿、自茲去十日令神祇官陰陽寮卜其咎徴、神祇官勘申云、依神事不信公家可慎給之上、可有天下御畏所致歟、陰陽寮勘申云、依穢気并神事違例所致歟、就神祇勘申重令卜問神事不信、同官勘申本所神事不信之由、追尋子細、且令懲粛、且冝謝申也、為令告申此旨、礼代御幣相副金銀御幣并御馬所令進給也、事乖前例、叡慮無聊殊畏思食者、

廿三日、癸卯、天晴、辰刻参内、巳刻中宮大夫(源師忠)参内、此間御覧伊勢神宝、内宮料金銀御幣各三枚、納平文筥、外宮料各二枚、同納平文筥、置料唐櫃蓋陳、置昼御座方、副平文串、主上(堀河天皇)著御座之、直衣出御、〻覧神宝宝(マヽ)、是則依延久例也、次御覧神馬、内宮料左一疋、右一疋、外宮料左二疋、右少将能俊朝臣(源)祇候、次下官依上卿命、持宣命草於殿下(藤原師通)、件草大内記俊信(藤原)奉之、而依所労不能持、差使奉上卿第、上卿随身参内、以下官所被内覧也、即被停清書内覧、逐電帰参、上卿就御所辺、令下官奏宣命草、返給之後、被返仗座、頃之重参被奏清書、其次被申使王申御馬由、返給之後、上卿被向八省、発遣奉幣使、今度奉幣偏依内宮正殿不被開、所被発遣也、左左(マヽ)中弁師頼朝臣(源)行奉幣事、候於八省使王如法卜遣也、中日差遣、神祇権少副輔清(大中臣)申斜奉幣立了由、使王来申、仍出御南殿、有御遥拝、其儀如例、

酉刻、中宮大夫帰参右杖、下官奏事由、仰云、令勘申伊勢奉幣日時、可被発遣公卿勅使料、即被仰下官、上卿移外座、下官持参日時、来月五日乙卯、時二点、上卿令下官被内覧之、即以帰参返奉上卿、〻〻以下官被奏、勅可之後返給、此間主計頭道言朝臣(賀茂)召蔵人所、差可勤奉幣使公卿一二三、一中宮大夫、二新大納言(藤原家忠)、三民部卿(源俊明)、令占申□(虫損)、即進卜形、下官奏之、御卜之趣、以一為吉、仍内〻被告仰中宮大夫了、

廿四日、甲辰、早旦参大殿(藤原師実)、為御使参内、被申讃岐守行家(藤原)朝臣重任事、次帰参大殿、申御返事、次参宮御方、被造始□(等カ)身千手観音像、法橋院助於阿闍梨静信房始之、少進実房(源)監臨之、入夜参左府(源俊房)、宣下讃岐重任事、即被仰下官、〻〻仰祐俊(小槻)宿祢了、次帰畢、

廿五日、乙巳、早旦参大殿、午刻著左衛門府庁、依政始也、左尉式賢(宮道)、盛業(高階)、志範政(中原)、府生忠重(清原)、右府生保成(丈部)参会、冠布衣、先供給、式賢勧盃下官、〻〻擬盛業、下著之後、勧二献如初、或(式)賢令置版、有免者、次取版、次覧看督長見不参文、加署如例、次府生下立、下官退出、次参内、奏文書、晩頭退出、

廿六日、丙午、午□刻参殿、申文書、次参内、為御使参院(白河)、頃之帰参、申御返事、入夜退出、

廿七日、丁未、早旦参大殿、申請御修法等事、次参内、

次為御使参院、申今日被始行御修法日次宜之由、昨日有御消息御返事也、次参殿、次参内、次向真言院、沙汰御修法壇所事、次帰参内、入夜自院下給丹波重任解文、奏聞事由、下出納了、宿侍、今夕被始御修法数壇并星供等、

孔雀経御修法

　法印権大僧都定賢修之、伴僧廿口、以真言院為壇所、以検非違使令宿直、被仰殿上受領毎日遣僧前、朝夕二度、々別廿一前、以蔵人佐実（藤原）令仰御願趣、兼又遣御衣、程遠毎夜不可奉仕後加持之故也、

大威徳法

　権少僧都経範修之、伴僧六口、

千手法

　法眼長覚修之、伴僧六口、

六字法、已上三壇、遣行事蔵人各令仰御願趣、

　権律師賢暹修之、伴僧口〔脱アルカ〕、件法自院所令修給也、仍蔵人方不知之、以若狭守敦兼（藤原）為使、遣御衣并蘊蜜、臨伏見所被行也、

廿八日、午刻退出、参殿（藤原師通）、申文書、次参大殿（藤原師実）、次帰了、

廿九日、己酉、午刻参大殿、次参殿、次参内、奏文書、次為御使参院（白河）、被申二会講師事、仰云、今日大禍日也、明日可被仰者、次帰参内、奏此旨、次遣召中宮大夫（源師忠）、頃之被参、下官奏事由於殿下、仰云、来月五日可被発遣伊勢神宝、可令奉幣使者、大夫奉仰被退出、自今日被潔斎之、治部卿（藤原通俊）参上右仗、被行陣覧内文并位記請印、次参左府（源俊房）、仰云、令式部大輔正家（藤原）朝臣并文章博士（藤原敦基・同成季）等勘申年号字者、即来月八日可有定之由、令告申了、次帰了、

卅日、庚〔戌脱カ〕、午刻参院、為御使参内、逐電帰参申御返事、御消息云、二会講師宣旨可賜永清、立〔竪〕者可被仰薗城寺厳俊、即以帰参、奏此旨、為御使参関白殿并大殿、于時御物京極殿申事由之後帰参、頃之民部卿（源俊明）参上右仗、下官奏事由、仰云、永清大法師可為円宗寺法花会講師、

厳俊大法師可為竪義者、上卿被仰下官、〻〻著床子座、下知右大史(豊原)□□(時真カ)畢、次民□□(部卿カ)被定申大乗会僧名、依無宰相、権右中弁重資朝臣書之、書了、以重資朝臣被内覧、奏聞、此間下官退出、

（宮内庁書陵部蔵九条家本永長二年冬上右御記）

十一月

廿一日、辛未、入夜左大臣(源俊房)、中宮大夫(源師忠)、新大納言(藤原家忠)、左大将(藤原忠実)、民部卿(源俊明)、左衛門督(藤原公実)、二位中納言(藤原経実)、治部卿(藤原通俊)、左兵衛督(藤原能実)参上右仗、下官年号勘文三通下給、左大臣結之、下官仰云、令定申、先例仰可令択申之由歟、次諸卿群議、左大臣以下、治部卿以上、定申云、行家(藤原)朝臣択申元徳、成季(藤原)朝臣択申弘徳字等被用如何、但治部卿重申云、以古勘文被(為脱カ)前例也、文章博士敦基(藤原)朝臣去年択申承徳字、被用何事在乎者、左兵衛督定申云、正家(藤原)朝臣択申延寿、成季朝臣択申弘徳、可被用歟、先申殿下(藤原師通)、次奏聞、下官持参去年改元時勘文二通、一通帥中納言(大江匡房)申政和、一通文章博士敦基(藤原)朝臣勘申承徳、天保字等、仰加給去年勘文重令定申、今日勘文三枚、相加右勘文二枚、大臣奉仰僉議了、又以下官被奏云、左大臣、新大納言(藤原家忠)以下一同定申云、敦基朝臣択申元徳字、可宜者、先申殿下、次奏聞、次為御使参院(白河)、被申此旨、便参大殿(藤原師実)、申此由、依仰也、逐電帰参殿下、奏定之後奉仰出陣、仰大臣云、依定申、以承徳為年号、依天変、実依彗星改元、然而永祚元年之外、無載彗星詔、彼例不吉之(也)、仍偏以天変所被仰也、改元、

（歴代残闕日記、十五）

新嘗会、神祇官御装束、在時(マヽ)云々、彼記欤、御湯舟一口、長四尺、弘二尺、打板、

卅日、円宗寺竪者事、参内、二会已講増珍為講師、朝座了有行香、大殿令立行香給、中務丞正季(藤原)取火舎、夕座如例、戌刻事了、人々退出云々、今夕以大法師頼扶可為円宗寺法花会竪義者之由仰之云々、

（元亨四年具注暦裏書）

十二月

二日、壬午、今夕大宮(藤原寛子)渡御枇杷殿、依不参不見其儀、

（宮内庁書陵部蔵伏見宮本諸院宮御移徙部類記）

十二日、壬辰、参京極殿、五十講結願也、前大僧正(覚円)率讃衆廿口之中僧綱五口、大殿(藤原師実)令取導師被物給、有中宮(篤子内親王)加布施、

十四日、甲午、戌刻有宮(篤子内親王)御仏供養事、等身千手像、法眼長覚付密教供養之、今夕被始行七壇北斗法、以行事蔵人被仰御願趣了、

前大僧正覚円於三井寺奉仕之、蔵人盛輔(藤原)仰御願趣、

法印権大僧都定賢於醍醐寺修之、蔵人雅職(源)仰御願趣、

権大僧都良意於三井寺修之、蔵人盛輔仰御願趣、

権少僧都林豪於京修之、権少僧都仁豪於京修之、法眼長覚於京修之、法橋経暹於山修之、蔵人家時(源)仰御願趣、

已上伴僧六口、

（元亨四年具注暦裏書）

承徳二年

正月

五日、甲寅、午刻参殿(藤原師通)、為御使参大殿(藤原師実)、御消息云、依冷泉(僖子内親王)院宮御事不令出仕給、而去三日有勅召、仍被尋問中宮(源師忠)大夫、民部卿(源俊明)、左大弁(藤原季仲)之処、執政職儀異凡人、叙位除目国家大事也、依勅喚令参給、何憚之在哉者、随仰可進止者、御返報云、就人々被申旨、有重召者、早可令参給者、帰参申此由、次参内、入夜退出、

御前儀

六日、乙卯、早旦参殿(藤原師通)、内覧叙位申文、次参内、後聞、下官参内之後、頭弁(源師頼)参上、覧内蔵寮請奏、被申叙位申文云々、白地参大殿(藤原師実)、申宮御給事、次参殿、逐電帰参内、未刻頭弁并下官、於昼御座択申文如恒、申刻蔵人奉仕御装束、其儀如例、頃之関白殿令参給、今朝以民部卿為御使、有重召云々、戌刻左大臣(源俊房)、中宮大夫、民部卿、右大将(源雅実)、左衛門(藤原公実)督、二位中納言(藤原経実)、源中納言(俊実)、前大弐(藤原長房)、左宰相中将(藤原保実)、新宰相中将(藤原宗通)、右宰相中将(藤原仲実)、左大弁参上右仗、亥刻殿下出御殿上、以頭弁被奏事由、頭弁奉仰向右仗、仰叙位召仰事於大臣、々々召外記定俊(清原)仰之、次召同弁仰之、此間外記就蔵人所令奏十年労、乍莒置御硯莒左方、次頭弁奉仰令蔵人佐実(藤原)召群卿、々々率参、納言以下留立於

弓場殿土〔立〕蔀内、大臣先昇於殿上、殿下并大臣先進令著
大臣給〔座脱カ〕、次民部卿以下取莒文、次公卿著座、畢殿下依
天気、進令著御前円座給、次大臣依執政気色、進被著
御前座、大臣召人、下官参上、召続紙、下官退持参続
紙□巻、盛柳莒、次大臣叙一両人、召左宰相中将、召院宮
御申文、即被持参、大臣奏之、返給叙之、此間召弁、
下官参上、中宮大夫仰云、可召受領文書、頭弁并下官
立於無名門代、外史持来文書硯、頭弁取文書、下官取
硯、進自宰相座後置座前、次召切燈台、立参議座前、左大弁先
読周防帳、(藤原)経忠次読遠江帳伊信、中宮大夫被定之、先是召
人、下官参上、執筆仰云、可召入内一階勘文、向上官
座、居弁座仰大外記定俊、々々注上之、一加階皇太后宮大進兼遠(橘)仰殿下、
入之入内、小槻忠兼注一紙、不置柳莒、無懸紙、下官持参、奉大臣畢退、依曽内々参
仰云、只今参院可申驚当年御給事、即以馳参、御返事
云、追可被申者、帰参申其由、殿下召下官、々々参上、
仰云、左大史伴広親、上日劣於時真(豊原)、右大史(時真)、上日勝広親、相遁辞退、
巡爵依勅可有左右之由、自内参可令奏聞者、奏聞之処、

勅云、依上日可叙者、自外参上、申殿下而退、次執筆
召下官、参上、仰云、式部丞上日第一誰人哉、下官申
云、藤原知実、申畢退、第四丞(藤原)公明預省奏、而尋先例、第四丞叙爵之例不分明、仍留者、奏依次可被叙也、叙位畢大臣奏叙位、納言以下退、大臣取叙位出殿
上、授源中納言退出、納言以下於殿上開之、次公卿退
出、次源中納言向右仗、行入眼事、右宰相中将書之、
依無中務輔、蔵人右少将(源)師時可為代官之由、以下官令
奏、此間殿下出御、頃之下官退出、(夕拝部類、叙位議)
十四日、○次僧侶参上、権少僧都経範加持香水、権律師
公伊読結番文、次法印権大僧都覚信召論僧□三双了奉
仕随喜如例、次賜布施云々、
廿四日、癸酉、
不動　前大僧正覚円、伴僧廿口、
　以馬場殿為壇所、隆円御修法前一日被行、承保
　四年例也、
五壇
不動　僧正隆明、伴僧八口　降三世　権少僧都林豪、伴僧六口、

軍タリ　権少僧都経範、伴僧同、大威徳　権少僧都仁豪、伴僧同、金剛薬叉　法眼寛慶、伴僧同、

（元亨三年具注暦裏書）

廿四日、癸酉、入夜被始行五壇御修法、以新造三尺五大尊像、所被奉供養也、以北対、殿下御直曹、為壇所、並壇行之、御修法之次、便以開眼、

（修法要抄雑例）

廿九日、戊申、五壇御修法阿闍梨、僧正《中壇》隆明依所労辞退、其替可召誰人哉、依之法印権大僧都良意令下知其由了、

（元亨三年具注暦裏書）

三月

六日、法印■■■■《狄》権大僧都良意已下六十口参上、権律師永縁為導師、蔵人頭左中将〔源〕顕通仰御願、読経如例、

十四日、癸亥、今暁五壇御修法中壇《公家御祈》之外、余〔残〕四壇結願〔畢〕云々、

（修法要抄雑例デ異同ヲ示ス）

廿四日、癸酉、祇薗御塔仏御衣木加持云々、〔仰脱カ〕六観音御修法、御願趣、依為新仏、以吉時可被供養、以子刻所被始也、

千手　法印権大僧都良意、伊与国奉御壇供、

聖観音　権少僧都林豪、近江国、

十一面　権少僧都仁豪、美作国、

馬頭　法眼長覚、加賀国、

准胝　権少僧都経範、備前国、

如意輪　権律師公円、若狭国、

已上番僧六口、

次向良意僧都房、被始中宮〔篤子内親王〕御仏、白檀二十五分、愛染王也、

今日奏聞之後、以法印権大僧都良意申、以園城寺私建立道場為御願寺、置阿闍梨五口、継伝法灌頂云々、

（元亨三年具注暦裏書）

廿四日、癸酉、子刻差蔵人等令仰六観音御修法御願趣、依為新仏、以吉時為奉供養、以子刻所被始也、

（修法要抄雑例）

廿六日、乙亥、御読経了有行香、布施有差、僧綱五疋、凡僧三疋、威従如例、

廿八日、丁丑、亥刻中御門藍薗有焼亡、到大宮大炊御門而
停、権少僧都経範所奉仕准胝御修法壇所焼亡已了、奏
事由、令渡他所了、
（元亨三年具注暦裏書）

四月

十八日、今日観音供、依神事、於真言院修之、

五月

六日、殿下（藤原師通）依前大僧正（覚円）事、令著御帯給云々、
十九日、丙寅、今夕数壇御修法、
如法延命法　大僧正仁覚、率廿口伴僧勤修之、以北対
為壇所、
主上（堀河天皇）渡御、令逢時給、頭弁（源基綱）被仰御願趣、
尊星王　僧正隆明、率八口伴僧勤修之、
不動法　権律師公円、率六口伴僧勤修之、
八字文殊法　権律師賢暹、率六口伴僧勤之〔修脱カ〕、
金剛童子法　法印権大僧都良意、率六口伴僧勤修之、
已上以六位蔵人令仰御願趣、
廿六日、癸酉、辰刻主上渡御如法延命御修法壇所、依有結
願也、御直衣、蔵人右近少将師時（源）候御剱、結願了、座
主伴僧近于御所御簾、奉仕御加持、右近中将顕実（藤原）朝臣
取白大褂一領給阿闍梨、兼亦仰度者、至于布施絹者、
於便所頒給之、阿闍梨蔵人取之渡于従僧、伴僧析出納
行之事了、
廿七日、甲戌、造宮御祈諸社御読経日時、下□〔官カ〕以史仰陰陽
■〔寮〕令勘之、来月十三日、庚寅、時午二点、若未、
石清水、和泉、権律師行政、賀茂、已上遠江、上、権律師慶増、下、権律師俊観、
松尾、讃岐、権律師祐観〔澄〕、平野、備中、法橋源懐〔快〕、
稲荷、越前、法橋厳覚、春日、大和、法印権大僧都頼尊、
大原野、讃岐、法橋定秀、大神、大和、法眼定覚〔相〕、
日吉、近江、権大僧都慶朝、住吉、摂津、権律師、〔名ヲ脱ス〕
已上各率十口僧、限三个日、令転読仁王経、

六月

十三日、庚寅、鶏鳴参院(白河)、依可奉仕御前也、御幸已成了、仍参会二条京極辺、被奉渡御仏之間、御幸遅々被扣車於河原、天明卯刻入御自法勝寺西門、著御薬師堂西御在所、此間被居御仏、頃之退出、午刻先参□(殿カ)、以法勝寺薬師堂母屋内仏前、奉立新造丈六五大尊像、依院御願祈所被奉造也、其前排批香花仏供、南庇当于中尊前儲壇場具、其左右儲衆僧座、毎前立机安法花経一部、同庇西三箇間懸御簾為御在所、南栄壇上東三箇間儲公卿座、金堂東廻廊儲衆僧集会床子、薬師堂南庭三面立廻纐纈幔、掃部寮奉仕張筵、未刻民部卿(源俊明)、左衛門督(藤原公実)、治部卿(藤原通俊)、左大弁(藤原季仲)被著殿上、民部卿下知院司令撃鐘、以群卿著堂前座、中宮大夫(源師忠)追以参著、先是所司鋪筵道、次讃衆卅口、法印権大僧都良意、権大僧都慶朝、権少僧都林豪、経範、貞尋、仁豪、法眼勝覚、覚意、権律師俊扶(観)、公円、証観、隆覚、大法師済暹、頼救、忠縁、隆真、寛助、已上東寺、永順、応覚、経観、已上延暦寺、寛覚、範経、永珎、行勝、行尊、明証、頼基、公観、珎円、已上薗城寺、以下臈為先参上、次十弟子、次導師僧正隆明参上、昇自南階、経南庇座前、行道三匝、此間参(暴カ)雨忽至、壇上霑潤、仍堂中東庇移公卿座、行道了導師啓白、終以(頭)中使右近中将顕実(藤原)朝臣参上、以院司修理大夫顕季(藤原)朝臣奏事由、次中使進于導師座頭仰之、退帰之間、公卿座前敷円(座脱カ)為中使、々々著座、顕季朝臣以白大掛一領給之、中使退、此間前大弐(藤原長房)、右宰相中将(藤原仲実)、源宰相(師頼)被参、申刻事了、諸僧行道、座定了、賜被物并布施有差、公卿以下取之、讃衆　(マヽ)次緇素退出、卅日(口)、皆有被物、入夜被始御修法云々、

中壇、僧正、降三世、範俊、軍荼利、大威徳、勝覚、金剛、夜叉、

次下官参大殿(藤原師実)、為御使参内、以座主可為法成寺検校、執行、以権僧正為別当之由所被奏也、勅可之後帰参申其旨畢、次召左大弁被仰下云々、亦法性寺座主被奉平等院執行了、件事不被奏、家司為房(藤原)朝臣下知云々、

今日大内御祈被始種々事等、
十箇寺寿（命脱カ）経御読経、寺別僧十口、仰以百口十万巻、并百万巻、
東大寺、経範奉之、延暦寺、座主（仁覚）奉之、薗城寺、僧正奉之、東
寺、定賢法師奉之、仁和寺、宣旨奉行、円宗寺、仰経、法勝
寺、仰頼日（円カ）、法成寺、仰隆尊、清水寺、仰別当定俊、廣隆
寺、仰所司、別当未補之故也、以上以酉刻令始行云々、
興福寺有触穢歟、猶与（マヽ）未決、仍停之、被仰仁和寺也、
尊勝御念誦百万遍、
　件事座主偏以被奉行之、以山上久修者五十口被満之、
十四日、辛卯、午刻参殿（藤原師通）申文書、次参太（大）殿、次参殿、次
為御使参内、入夜帰殿、申御返事了、次退出、
今日祇薗御霊会如例、
十五日、壬辰、依遠忌不出仕、
十六日、癸巳、巳刻参大殿、次向座主房、為法成寺長吏
慶快也、次参院、次参内、申刻退出、
十七日、甲午、早旦参大殿、次参殿、内覧文書、次参内
奏文書、入夜於二間以東、被供養等身御仏三躰、大日如来、普
賢延命、如意輪、御装束儀如例、法印権大僧都良意為導師、就密
教供養之、終頭右少将家（源）定取被物給導師、事了退出、
及深更下官帰畢
十八日、乙未、午刻参大殿、次参関白内覧文書、次別当
出、依有被尋仰事也、次参内、仰云、始自明後日可被
行孔雀経御修法、可召法印権大僧都定賢、又可被行仏
眼法、可召大僧正（仁覚）、又可被行金剛夜叉法、可召権律師
公円、各遣請書畢、又仰云、於二間可被行仁王講、可
召権律師慶増、行政、証観等、召威儀師慶俊下知畢、
晩頭退出、今夕権少僧都経範、於二間奉修〇観音供如例、
十九日、丙申、早旦醍醐法印（定賢）辞書来、先参大殿申之、次
参院（白河）、法勝寺、依服薬、於門外令申定賢辞退之由、仰云、
重可遣召、次参殿申此旨、次参内、今明御物忌也、仍
以蔵人令奏定賢故障由、次云（仰カ）、随院御定重可遣召、依
仰、重遣請書畢、次退出、入夜醍醐法印返事来、有領
状、及深更帰参内、籠御物忌、
廿日、丁酉、今日候内、仍不参院、今朝五壇修法被結願、

又被供養新写大般若経云々、今旦法印権大僧都良意、
中宮(篤子内親王)御料(祈カ)於石山寺奉供養銀如意輪像、件御仏起自叡慮、以納殿金銀奉鋳之、下官為
行申〔事〕、依為宮司也、是別御願也、事秘之故不注之、御供養之次、即被始御修法、件〔伴〕僧六口
供料明日内方沙汰之、権少進源惟兼為御使、相具御衣監臨之、辰刻
於二間被行仁王講、権律師慶増、行政、已講頼厳、証観
辞退替、修之、御装束如恒、仍不委記、下官仰御願趣、
入夜被始御修法三壇、
孔雀経法、法印権大僧都定賢為阿闍梨、伴僧廿口、
以北対為壇所、下官仰御願趣、始自明日限七箇日、
被仰殿上受領令弁備朝夕僧前、
仏眼法、大僧正為阿闍梨、伴僧八口、
金剛夜叉法、権律師公円為阿闍梨、伴僧六口、
已上以行事蔵人令仰御願趣、
良意僧都本所勤仕金剛童子法、至于来廿四日以行勝為
○手代、可令修継之由被仰了、
権律師公円所奉仕不動御修法、至于来廿四日、可兼修
之由被仰畢、

今夕院還御云〔々〕畢、
及深更退出、触里亭穢畢、穢限満来廿七日、而依申服
薬仮也、
廿五日、壬寅、今夜大炊殿焼亡、下官雖触穢、帯弓箭参
楼御門辺、次参東三条殿、大殿(藤原師実)御此所、但此間御京極
殿、与〔而カ〕依火事所渡御也、火消了下官帰了、
廿七日、甲辰、今日孔雀経御修法結願了、主上○渡御壇所御
加持、次御結願、賜禄於阿闍梨、兼賜度者、其後還給
云々、
（元亨三年具注暦裏書）

康和元年（承徳三年）

正月
一日、甲辰、天晴、主上(堀河天皇)奉拝天地四方及山陵如例、辰刻著束
帯参関白殿(藤原師通)、頃之大外記定俊(清原)持参叙位勘文、下官申事
由、依仰持参之、無御出、巳刻民部卿(源俊明)、□〔左〕大将(藤原忠実)、藤中納(藤原季仲)
言被参、有拝礼、無御答拝、次令率参大殿(藤原師実)給、中宮大(藤原師忠)

夫、新大納言（藤原家忠）、二位中納言（藤原経実）、右衛門督（源雅俊）、左大弁（源基綱）、新宰相（源国信）
中将参会、有拝礼、無答拝、次令率参鳥羽院（白河法皇）給、左苻（源俊房）〔府〕、
右兵衛督（源師頼）被参会、大殿令新中納言（藤原宗通）奏事由給、可許之後
拝礼如例、次令率参内給、有少〔小〕朝拝、于時酉刻也、大
殿不令立列給、御坐殿上、関白殿以頭弁（藤原宗忠）被奏事由、勅
可之後蔵人奉仕御装束如例、但依御物忌無御出、然而
尚被儲御座、母屋御簾、付御物忌巻庇御簾、或亦巻庇簾、攪放御物忌尻歟、
拝舞礼畢諸卿以下退出、
節会如例、諸司奏付内侍所、中宮大夫為内弁、左府退出、少
納言家俊（源）召群卿、無御出、儀式如例、
二日、乙巳、天晴、早旦著衣冠参大殿、御輿之後退出、参殿（藤原師通）、
頃之退出、午刻著束帯帰参、申刻有臨時客事、訖令参
大殿給、于時酉刻也、下官退出、参左大将殿、次参
中宮（篤子内親王）、次参左府（源俊房）、
今日関白殿有臨時客事、其儀小寝殿南廂□
亭副母屋御簾、自西第一間東行□南折立四
尺屏風、自西第二間至于第四間中央舗高麗端畳四枚、
其上施高麗端土敷舗東京錦茵二枚、高麗端円座四枚、
其南敷菅円座八枚為公卿座、西第一間迫面当外座舗菅
円座為主人御座、南弘庇西第三間以東敷紫端帖三枚為
殿上人座、中門廊敷紫端帖三枚為諸大夫座、南庇并弘
庇中門廊皆施長筵如例、当西紫〔柴〕垣前立斑幔、午刻居饗
饌、公卿料用桧折敷、高器前列三〔衍カ〕三本紮〔乱カ〕交立之、十六前居之、主人御料不兼居之、殿上人料用黒柿机七前居之、有飯、申〔刻脱カ〕中
宮大夫（源師忠）、右大将（源雅実）、新大納言（藤原家忠）、左大将（藤原忠実）、左衛門督（藤原公実）、二位中
納言（藤原経実）、右衛門督（源雅俊）、太皇太后宮権大夫（藤原季仲）、右兵衛督（源師頼）、左大
弁（源基綱）、宰相源中将（源国信）参会、暫被候殿上人座、下官（平時範）奉仰告申
可有御出由於中宮大夫、〻〻以下〻立中門外、次次〔衍〕主人
令下立寝殿南階東間以東前庭給、左近中将忠教（藤原）朝臣献
御沓、便候階西腋、次中宮大夫以下公卿并殿上人列立南庭、
下官不立列〔マヽ〕、拝揖礼了主人令昇小寝殿西階給、中宮大夫、右大
将被昇自南階、新大納言以下被昇中門廊、主客座定、
殿上人両貫首（源顕通・藤原宗忠）以下六七人昇自中門廊著座、次居主人御
前物、高坏三本、但居飯、高坏追立之、造興福寺次官能遠（高階）朝臣為手長、次能遠朝臣持参御盞
献主人、肥後権守説長（藤原）取瓶子、主人令勧給、流盃至于

参議座之比、前甲斐守盛実（藤原）勧殿上人、次二献、蔵人頭右大弁宗忠（藤原）朝臣勧於主人、蔵人家時（源）取瓶子、肥後権守説長（藤原）勧殿□〔上〕人、次羞飯、海雲、主人御料高坏一本居飯立加之、海雲并零余子居折敷羞之、納言以下料飯、海雲等居一折敷羞之、侍臣不羞飯、兼居之故也、次三献、左大弁勧於主人、殿上五位取杓、中宮少進実房（源）勧殿上人、次羞雉羹、加雉足、生蚫、中宮大夫取拍子有御遊、次四献、右兵衛督勧公卿、散位盛長（源）朝臣勧侍臣、次羞菓子、公卿料高坏、侍臣料折敷、次五献、藤中納言（藤原季仲）勧主人、斎院長官惟信（藤原）朝臣勧殿上人、次六献、左衛門督勧中宮大夫、大夫奉擬主人、此間人〻祖裼遊宴、〻余也、先是居暑預〔薯蕷〕粥、次中宮大夫、右大将、新大納言各被献龍蹄一疋、散位成友、惟遠、信頼、左衛門尉平康輔、紀定遠、右衛門尉藤原元兼為龓、三大納言依次下自中門廊、取馬綱一拝而退、次中宮大夫、右大将退出、次殿下（藤原師通）出御、令参大殿（藤原師実）給、于時酉刻也、

三日、丙午、天晴、巳刻参殿、〻下令参内給、依可有朝覲行幸也、下官参内、頃之大殿参御、此間中宮大夫以下参羞〔着〕右仗、頭弁（藤原宗忠）於蔵人所令勘行幸日時、奏聞之後下中宮大夫、便被仰可召仰諸司由并留守事、不被仰公卿、留守弁右中弁有信（藤原）、未刻出御南殿、中宮大夫、民部卿（源俊明）、右大将、新大納言、左大将、左衛門督、二位中納言、右衛門督、新中納言（藤原宗通）、太皇大〔太〕后宮権大夫、右兵衛督、左大弁、新宰相中将（源国信）供奉、少納言家俊（源）請奏鈴、出御自西陣、自大炊御門大路西行、〔脱アルカ〕自二条大路西折、至于朱雀大路更南折而行、関白殿（藤原師通）騎馬扈従、瀧口為御馬副、申刻乗輿至于〔マヽ〕辺鳥羽殿西門暫留、以院司被奏事由之後入御、西中門下留御輿下御、諸司供筵道如例、先入御〻休息所、酉刻宸儀著靴令昇給、正寝御階西間母屋儲上皇（白河）御座、南庇儲主上御座、予供帛袷、宸儀正笏御拝、此間上皇著御法服御坐云々、仁和寺宮（覚行）被持三衣莒云々、不巻御簾、仍其間之儀不能委見、其後供主上御膳、右大将為陪膳、御対面、良久時刻推移、及于亥刻以頭弁被仰左大臣（源俊房）云、左近中将国信（源）朝臣可叙従三位、別当左衛門佐家保（藤原）可叙正五位下、判官代、阿闍梨覚念（覚行）可為親王、先是被献龍蹄二疋、近将牽之、次還御、西中門寄御輿、子刻還宮、有鈴奏、名謁之後還御本殿、

今夕有殿上淵酔云々、

四日、丁未、今夜阿弥陀修正也、中宮大夫（源師忠）、右大将（源雅実）、新大納（藤原家忠）

言、二位中納言(藤原経実)被参、大殿(藤原師実)不参御、依御風気并日次不宜也、夜半六条院亡(焼脱カ)、

五日、戊申、今日参殿、晩頭退出、

六日、己酉、早旦参殿、申叙位申文等、次申政所吉書、即下〻家司令成返抄加署、次参大殿、酉刻参内、今日有叙位儀、入夜左大臣以下参著右仗、亥刻令蔵人佐実(藤原)召諸卿、殿下、左大臣先著座、中宮大夫以下取筥文、被始叙位儀、納言座召弁、仍下官参上、召諸国文書、還出来上官座下知其由了、次権弁(源能俊)并下官持参筥文、硯等、筥文在前、左大弁(源基綱)雖当忌日依召参上、読不与状、顕季(藤原)朝臣前任尾張国帳也、次執筆召下官、参上、召入内勘文、退出下知定俊(清原)真人、取件勘文、不連所階、依無召也、持参奉大臣、不入筥、手取之、亦(双カ)自余之儀如例、丑刻事了、左大臣以叙位出殿上給、右衛門督(源雅俊)令行入眼事、先是下官退出、

七日、庚戌、天晴、午刻参内、両閤(藤原師実・師通)参御、未刻頭弁(藤原宗忠)奉仰仰内弁給中宮大夫、次被下兵部下名文、蔵人右近将監仲章(高階)可叙爵由被仰内弁、頃之書加被奏之、不入筥、同刻出御南殿、内弁著兀子、内侍取下名臨西檻、内弁給下名還著兀子、召二省丞賜之、内弁帰著仗座、此間内弁著兀子、民部卿(源俊明)以下著外弁、下官并少納言実明(源)著之、次内侍臨檻、次内弁謝座而昇、次内弁召二省輔代給位記筥、三合、次内弁召舎人、大舎人唯、実明替参伝召、諸卿参上、謝座謝酒了昇堂、次二省率叙人参上、次宣命、右衛門(四字割註カ)督、次賜位記、次叙人拝、以(次カ)左大将(藤原忠実)奏白馬奏、次白馬渡、次供御膳、一献、国栖奏、二献、召御酒勅使、新宰相中将、(源国信)三献、被停音楽、依六条院事也、次宣命、見参、左大弁著禄所、下官同以著之、群卿給禄、一拝而退、亥刻還御本殿、

八日、辛亥、午刻参殿、次参大殿、次参内、申刻参八省、御斎会始也、酉刻中宮大夫、左衛門督(藤原公実)、二位中納言、右衛門督、太皇太后宮権大夫(藤原季仲)、左大弁被参、同刻令打鐘、公卿著堂前座、次衆僧昇、講読師昇、無楽、依六条院火事被停也、入夜事了有行香、訖公卿以下退出、戌刻参両寺修正、

九日、壬子、早旦参内、参宮（篤子内親王）御方、次参殿退出、依少所労不

十日、癸丑、卯刻参殿、〻下令詣鞍馬寺給、辰刻出御、新大納言、二位中納言、左大弁各乗車被扈従、前駆殿上人七人、忠教（藤原）朝臣、俊頼（源）朝臣、宗信（藤原）朝臣、家政（藤原）朝臣、基兼（藤原）、敦兼（藤原）、下官、諸大夫四位三人、五位五人、六位四人、検非違使式賢（宮道）祗候御後、午刻著御寺、正面間以東懸御簾為御所、著上達部、殿上人饌、此間寺僧啓白、御明、御誦経等、御誦経料麻布百段、前庭立案樻之、賜被物并布施、入夜参大殿、申政所吉事〔書〕、次参両寺修正、

十一日、甲寅、午刻参内、候宮御方、晩頭退出、入夜参法成寺、大殿不参御、頃之参法勝寺、

十二日、乙卯、早旦参殿、次為御使参大殿、申刻帰参申御返事、晩頭参内、入夜退出、参法成寺、両殿参御、頃之参法勝寺、及深更参宮御方、〔衍カ〕退出、

十三日、丙辰、午刻退出参大殿、次参殿、晩頭退出、入夜参法勝寺、殿下参御、頃之参法成寺、

十四日、丁巳、巳刻参大殿、次参殿、内覧文書、次参内奏聞、申刻参八省、先著東廊座、頃之中宮大夫、右大将、新大納言、左衛門督、二位中納言、右衛門督、太皇大〔太〕后宮権大夫、左大弁（源基綱）、宰相源中将（国信）被参、上卿召行事弁能俊（源）朝臣被仰可撃鐘由、次打鐘、次少納言実明（源）、左〔右〕少弁顕隆（藤原）著出居座、次群卿向堂、次衆僧参上、次講読師参上、無音楽、事了有行香、次群卿帰著東廊座、一献、少納言実明、此間左大弁著大弁座見申文、左少史国貞（中原）候之、次左大弁起座復公卿座、次二献、右少弁顕隆、次王大夫著座、次著餛飩、次羹飯汁、次下著、次三献、少納言家俊（源）、次内記広俊（中原）覧宣命於上卿、内記退入、次召王大夫、成清、賜宣命、次上卿以下著少〔小〕安殿、謂之布施堂、三僧并僧綱在東壁下、西面、凡僧二行、東上南面、公卿座南上東面、在第三間、弁座在其後、上官座在其後、先是衆僧在座、群卿以下三拝、置笏、次王大夫著座読宣命、次大蔵省輔已下以解文挿杖参上、次同官人舁立三僧布施韓樻、次給衆僧布施、次威従参上立直〔置カ〕磬、次呪願、此間大蔵輔参上、仏布施机可懸手也、然而不失儀也、次群卿以下一拝、取笏、退出、

次率参内裏著右近陣、先居肴物、次〻将遆以勧盃、頃之蔵人家時(源)召諸卿、〻〻参殿上、次出居昇、次中宮大夫以下著座、次諸僧参上、主殿官人挙炬、権少僧都経範、東寺長者、法印権大僧都定賢雖候御修法俄申故障、仍所召経範也、加持香水、権大僧都隆禅奉仕結番、論議了諸僧賜布施如例、事了僧徒、公卿、出居退下、

今日頭弁(藤原宗忠)奉仰召民部卿(源俊明)、被仰可奉仕伊勢使之由云々、

今夕被聴昇殿、頭弁被仰下之、

右近少将師時(源)、還昇、

中宮権大進為隆(藤原)、可被補蔵人云々、

次下官参法勝寺、

十五日、戊午、早旦参大殿(藤原師実)、次参結政、依有政始也、両大弁(源基綱・藤原宗忠)被著結政、次下官著、午刻右大将(源雅実)、左衛門督(藤原公実)被参、依無宰相用上卿二人、次上卿著庁、申文、少納言実明、下官、右少弁顕隆等立之、其儀如例、次請印、次出立、上卿被著南所、其儀如恒、右〔左〕少史守時〔盛言〕(紀)申文、次就食、次実明勧盃、次上卿以下退出、〻立儀如例、次率参大内出陣、有申文事、次下官参殿(藤原師通)、今日殿下被始御修法、〻眼静意為阿闍梨、伴僧六口、酉刻中宮大夫(源師忠)、新大納言(藤原家忠)、二位中納言(藤原経実)、左大弁被参会、殿下出御、召為房(藤原)朝臣被仰可令勘申春日詣日時、次下知光平(賀茂)、泰長(安倍)等令勘日時、択申可参御春日社日時、二月廿七日未、時申酉者、為房取之、徒手取之、持参覧之、留御所、次為房還出取硯、紙、筆参上、定了入折敷覧之、覧了返給、取硯、定文退出、

十六日、己未、節会如例、雅楽寮不奏音楽、依六条御堂事也、但有御出、踏哥如如〔衍〕恒、依遠忌不参、

今日於増珍已講房令講法花経、依先考(平定家)忌日也、依下向近於〔アキマヽ〕不令行之、

十七日、庚申、早旦参殿、為御使参大殿、頃之帰参殿申御返事、文〔又カ〕為大殿御使参内、晩頭退出、御返事、今日射礼如例云々、

十八日、辛酉、今日無賭弓、依六条御堂事也、去十五一日〔ママ〕以頭弁被仰左府(源俊房)云々、午刻参鳥羽、晩頭帰洛、今夕大内被始御修法、除目事也、大僧正(仁覚)為阿闍梨、今夜被補

蔵人、
中宮権大進藤原朝臣為隆、修理権大夫（藤原）為房男、
大舎人助藤原永雅、太〔太〕皇大后宮大進（藤原）清家一男、母季通（源）娘、元雑色、
中宮少進源惟兼、故遠江前司基清一男、母故越中前司（藤原）家〔任〕―娘、
十九日、壬戌、巳刻参殿、為御使参大殿、即以帰参中御返
事、申刻参内、参宮御方（篤子内親王）、入夜退出、
今日申殿下申文、
廿日、癸亥、今日除目始也、早旦参大殿申〻文、頃之参関白
殿申〻文、又沙汰御給事、午刻殿下令参大殿給、未刻
令参内給、申刻参内、入夜左大臣、中宮大夫、右大将、
左大将（藤原忠実）、左衛門督、二位中納言、右衛門督（源雅俊）、太〔大〕宮権大
夫（藤原季仲）、新宰相中将（源国信）、右兵衛督（源師頼）、左大弁参上右仗、戌刻蔵
人佐実（藤原）召群卿、〻〻参上、先殿下并左府令参著御前座、
次中宮大夫以下取莒又〔文カ〕参上、自余如例、以新宰相中将
召院宮御申文、被定受領功過事、子刻事了、
廿一日、甲子、早旦参大殿、依召也、午刻殿下参御、未刻令
帰参内給、下官申時参内、入夜左府以下参上、除目議〔儀〕
如昨、被定出羽国功過之間、中宮大夫召弁、下官参上、
仰云、出羽、陸奥帳注勘済用途帳例也、而注調庸惣返
抄違例也、可問勘会所司、并〔弁カ〕官披陳之旨不中正理、仍
直帳可申上之由被仰下了、被下帳、子刻事了、
廿二日、乙丑、巳刻参大殿（藤原師実）、殿下（藤原師通）参御、未刻出御令参内給、
下官参内、為御使参大殿、即以帰参、頃之退出、入夜
帰参、亥刻左大臣（源俊房）以下参上、頃之召群卿、群卿参上之
儀如例、天明事了、尚以秉燭開見大間、二位中納言（藤原経実）被行清書事、即被
行検非違使宣旨了、
大夫尉光国（源）、使如旧、左衛門尉雅職（源）、蔵人、同尉定光（藤原）〔実〕、
蔵人、大業成懸、成懸之者下名被下宣旨例也、以前例可尋、
廿三日、丙寅、午刻著束帯参大殿、次参殿、申刻両新蔵人（藤原為隆・藤原永雅）
参上内覧吉書、次相具進蔵人（源惟兼）参内被奏文書、次太〔大〕宮権（藤原季仲）
大夫被候右仗、両蔵人被下吉書、上卿召弁、下官参上、
被賜吉書、結申退、今夜依上卿不参下名延引、
廿四日、丁卯、天晴、早旦大地震、馳参大内、殿下令参給、
即以出御、下官退出、午刻参内、未刻宸儀（堀河天皇）出御昼御座、

帛御衣如例、殿下令候給、先是左府令奏宣命草給、次召勅使民部卿(源俊明)、参上賜宸筆宣命、兼亦奉勅語退下、次出御南殿、無御反閇、中宮大夫(源師忠)、民部卿、新大納言(藤原季仲)、左大将(藤原忠実)、左衛門督(藤原公実)、二位中納言、右衛門督(源雅俊)、太(大)宮権大夫、右兵衛督(源師頼)、左大弁(源基綱)参上、少納言懐季(藤原)候鈴、無奏、候啓(契)、不候大刀、次寄御輿、次出御、自右衛門陣自侍(待)賢門大路西行歩行、経同門并昭慶門著御少(小)安殿、中央戸間小壇下寄御輿、蕊(葱)花、中央間以東為御在所、東一間安幣物、中央間以西為女房候所、昭慶門東廊為公卿座、其東間為弁少納言座、嘉喜門東腋為上官座、此間宣命辞別被加地宸(震)事、仍不巻(奏カ)草、直加清書被巻(奏カ)之、次宸儀御拝、了召舎人、大舎人於幔門唯、次少納言懐季替参就版、勅、召中臣、忌部、少納言唯退、此間左府起座、具内記、弁以下経東廊内著東福門廊南座、上官在北座、先是中臣神祇権大副(大中臣)輔頭(弘)、忌部兼孝、卜部兼政参上、給幣之儀如例、次上卿召王大夫賜宣命、次勅使民部卿率王大夫以下退出、神宝如例、〻金銀幣外又被副幣、依有思食也、頃之還御、無名謁、

廿六日、己巳、早旦参大殿、次参殿、午後参内、申刻退出、今夕女御(藤原苡子)令退出前斎宮(俊子内親王)給云々、

廿七日、庚午、早旦参大殿沙汰高野詣事、申刻参大殿、次参院(白河)、以播妙(州)令申假事、次帰華、入夜参内、宿侍宮御方(篤子内親王)、今日竞馬右方人〻相定雑事、

廿八日、辛未、早旦退出、参大殿、午刻、頃之参殿下申請雑事、立(亦カ)中大殿御消息、頃之道言(賀茂)朝臣、泰長(安倍)等参上、依召也、〔以下本文トシテ上文ニ続クカ〕令卜春日詣事、御卜不快、為御使参大殿、頃之帰参、春日詣延引之由被仰下了、次退出、

廿九日、壬申、早旦参大殿、申刻退出、

卅日、癸酉、早旦参大殿、召已講定覚給御願書、行ノ行ノ(マヽ)大般若、依可参石清水也、即参籠宝前、限七个日以六口僧転読大般若、兼令講仁王経、又召静信給御願書同上、令参賀茂社、即籠上御社、限七个日転読般若、兼亦可講仁王経、又座主(仁覚)奉仰以六口僧於日吉社可令転読法華経者、申刻著束帯参殿、内覧信濃国役夫工文、次参内奏聞、入夜退出、

二月

一日、甲戌、午刻依召参大殿、依高野詣事也、申刻退出、酉刻著束帯参殿申請雑事、入夜参左苻(府)下申宣旨、次参内、及于深更退出、

二日、乙亥、早旦参大殿、依御忌日渡御宇治殿、関白殿同以参御、午刻参院、入夜参宮、

三日、丙子、早旦参大殿、沙汰高野詣事、午刻参殿、次参宮、申刻帰華、次詣賀茂并平野社申起(赴)任之由、入夜著神祇官、依為祈年祭行事也、令裹幣物、及于深更退出、今夕有下名、右大将(源雅実)、左衛門督著官庁行之、依無宰相上卿二人行之、文章得業生大江有元任縫殿助、今年外国任秩已直(過カ)、去年対策及第已了、而依漏朝恩有所愁申、仍所被擢任也、

四日、丁丑、早旦参大殿、次参殿、次参内、参宮御方、午刻著神祇官、申刻左衛門督被参、此間聞上卿被参由、先著南門外西幄、右少史忌部明兼同、上卿著正庁、王大夫同著、召使奉仰之後出南門外伝召由、次下官起座、率式部省入自南門著南舎、次上卿以下移砌下座、次中臣読祝拍手、次御巫子廻伊勢幣三迊、此間神祇官掌唱社司名、神祇官人以下参進賜伊勢幣、使中臣祭主親定(大中臣)朝臣退出、次諸社司参上、各以賜幣、先是上卿退出、下官進寄幣案下行之、遠社料納神祇官庫、可付諸国弁済之由下知了、是則付朝集使之議(義)也、次退出、

五日、戊寅、早旦参殿(藤原師通)、次参大殿(藤原師実)、次参内、頃之退出、入夜参院(白河法皇)、今夕令渡御鳥羽殿、次勤仕前駈、大殿并左府(源俊房)令参給、

六日、己卯、早旦参大殿、次参殿、被立大原野神馬使、文章生有隆(藤原)為使、依雨儀於東中門有此儀、事畢参内、候于宮(篤子内親王)御方、申刻被立奉幣使、侍長藤原、御禊之儀如恒、権亮(源顕通)為手長、下官為益供、事了次参内(堀河天皇)御方、晩頭退出、

七日、庚辰、早旦参大殿、次参殿、次参内奏文書、晩頭退出、入夜参(大脱カ)殿、沙汰高野詣事、深更退出、

八日、辛巳、早旦参殿、次参大殿、次参宮御方、次参内御方、次退出、今度不罷申、去年罷申、出門之後進発之

日俄以延引之故也、晩頭帰家、沙汰下向事、白(自)関白殿被賜黒毛御馬、可乗反閇料也、御厩舎人賜禄、絹十疋、居飼布三段、

九日、壬午、辰刻向山城介頼季(紀カ)宅、自此家可出門之故也、申方門、巳刻前少将、信濃権守、相摸守(橘以綱)、参河権守(藤原宗佐)、進蔵人(源惟兼)被来、聊羞小饌、同刻丹後守進発、頃之大炊頭光平(賀茂)来臨、依可反閇也、丹州相兼、次出門、陰陽師在前、次下官、宿袍、薄色指貫、取笏著深沓、在前(衍カ)、乗馬、黒毛在傍、弁侍在予後、閇反(反閇)、了参河権守取禄、女装束一具、与光平、次出自申方門、神宝在前、小櫃二合、有柄、荷丁一人著退紅色狩衣、襷等持之、行事時兼前行、共(供)人并送人々々、進蔵人被相送、次弁侍、次下官、次引馬武士、自大宮南行、自六条西折、自朱雀南行、自七条西行、於西七条辺撤衣冠著布衣、今日出門直以進発也、未刻宿山埼、八幡別当設饌、又入夜来臨、予(脱アルカ)馬、先是又送馬一疋也、

十日、癸未、辰刻進発、申刻宿摂州武庫郡河面御牧司宅、摂津守送馬、酒肴等、兵衛大夫行季送酒、

十一日、甲申、辰刻進発、申斜著播磨明石駅家、国司(藤原顕季)被儲饗饌、菓子、蒭秣等、

京書云、今日列見延引、依無参議也、又云、近衛府使左少将有家(藤原)朝臣申代官云々、中宮使大進為隆(藤原)云々、

十二日、乙酉、早旦召国司使少監物清経賜馬一疋、為饗応也、辰刻進発、未刻著高草駅家、国司舗設、被送糧米、蒭秣等、今日寒風懍烈、軽砂坐飛、入夜国司被送馬一疋、

十三日、丙戌、早旦進発、先是以左京亮範季為使以馬一疋送馬一疋(衍カ)送播妙(州)国府、国司在洛、然而為為(衍)報謝也、申刻宿佐余(用)、国司被送糧米、蒭秣等、

(▽△ノ文、元亨三年具注暦裏書デ補フ)
▽□(京書云)、今朝大殿令参詣高野給、中宮大夫(源師忠)、新大納言(藤原家忠)、左大将、二位中納言、左馬頭師隆(源)朝臣、左中将家政(藤原)朝臣扈従云々、今日右大将被定春季仁王会并大極殿千僧御読経事云々、△

十四日、丁亥、辰刻進発、未刻著美作国境根仮屋、国司被儲之、亦有饗饌、蒭秣等、以使者令(間カ)而故実於官人等、

官人在宮人原云々、入夜使還来、
十五日、戊子、雨雪、早旦召美書生給馬一疋、卯刻著束帯々劔、騎黒毛馬越鹿跡御坂、未出峯下馬、立峯上、西面、官人以下立峯下、南面、先是神宝前行、〔々脱カ〕事相従、弁侍在下官後、称前官人以下称籍、次下官揖官人、次騎馬、官人騎馬先行、弁侍在下官後、僕従等在其後、巳刻至于智頭郡駅家、簾中居饌、先食餅、先〔次カ〕啜粥、以其退給智頭郡司、依先例也、次解脱、著衣冠騎他馬進発、山路嶮難如対九折、入夜著惣社西仮屋、依例儲酒肴、于時戌刻、著束帯著惣社西舎、騎馬、先以官苻〔符〕令給税所、官人先以奉行、次行請印、次以鎰置下官傍、亦給封令付印櫃、次著府、鎰取在前如例、入自西門於南応〔庭カ〕下馬昇入、簾中弁備饗饌如恒、残二个日兼日下知停之、次召介久経仰神拝事、次食饗、次召保清令下知勧農事、子刻令始造神宝、亦以反閇馬令潔斎、為充宇倍宮神馬也、次就寝、今夜無宿申、政始之後可在云々、
十六日、己丑、今日留供給、
十七日、庚寅、今日停供給、上脚力、京書云、今日於御前被始行大般若御読経云々、今夕被始行孔雀経法、々印権大僧都定賢勤修之云々、
十八日、辛卯、京書云、今日左府〔源俊房〕被定中祈年穀奉幣事云々、今夕主上〔堀河天皇〕御風令発御、夜間平御云々、
十九日、壬辰、京書云、今日被仰下瀧口二人云々、藤原季遠、平実遠、円宗寺最勝会始云々、
廿日、癸巳、〔京書云脱カ〕今夕大殿〔藤原師実〕従高野還御云々、
廿四日、丁酉、京書云、今日於大極殿被行千僧御読経、観音経、上卿右大将、行事権左中弁能俊〔源〕朝臣、僧正隆明為導師、権僧正増誉已下僧綱廿余口参上、蔵人頭左中将顕〔源〕通朝臣仰御願之趣、右少将宗輔〔藤原〕朝臣仰度者、納言以上七人参上、無参議、亦無惣礼云々、
廿五日、戊戌、今日上脚力、陰陽大夫久宗来、
廿六日、己亥、朝間雨雪、巳刻頗霽、今日神拝也、先十烈〔列〕、以書生為乗尻、著冠褐衣摺袴、渡南庭、次出著幣殿、以舘侍十人為使、相分発遣遠社幣帛、神宝、或有告文、次以社司令読告文、次奉

幣、返祝了賜社司禄、次参宇倍宮、先著幣殿洗手、次進立中門外、在庁官人以下相従烈〔列〕立、西上南面、社司在門中、次伝奉幣帛、神財等、次亦転奉幣帛、神宝、西上北面、〔以下神宝マデ本文トシテ上文ニ続クカ〕次復幣殿執白妙幣、社司称再拝、次捧幣両段再拝、次授社司、次社司久経読告文、次返祝、次廻馬十烈〔列〕等、次賜社司禄、次著幣殿東舎儲饗饌、事了退出、便参坂本社奉幣、次乗尻馳御馬、次至于法美川乗船参三嶋社、奉幣之儀如初、次又乗船参賀呂社、奉幣之儀如初、于時申斜也、次又乗船渡川白〔自カ〕浜路参服社、奉幣了次参美歎社、于時秉燭、奉幣了退出、衣冠、亥刻帰府、

廿七日、庚子、京書云、今日祈年穀奉幣也、行事左中弁〔源重資〕云々、

廿九日、壬寅、京書云、今日春季仁王会、行事右少弁〔藤原俊信〕云々、

三月

一日、甲辰、今日朔幣也、以保清朝臣為使令参惣社并宇倍宮、遣木工允季兼始勝載、

二日、乙巳、午刻出庁始行国務、其儀予居饗饌、三献之後羞汁物下箸、次令成諸郡神社修理苻并池溝修理苻令捺印了、次調所并出納所申上済物解文、見了之後令成返抄請印、案主所、税所成上吉書之後請印、了入内印莒随身、諸郡司等出一把半利田請文、今夕始宿申、

三日、丙午、未刻詣宇倍宮奉幣令読告文、件文載利田起請之趣、奉幣之後社司供酒肴、粉熟、盃酌之後退出帰府、

今日人々出酒肴、脚力帰来、

六日、己酉、今日於宇倍宮令修百座仁王会、是則依世間不閑也、新図百仏像写百経巻、令在庁官人等監臨、有呪願文、以細布百〔端脱カ〕布施、殊致精誠所令行也、舘侍等参仕、在庁官人行香云々、

造始毘沙門像、京書云、今日於山被行千僧御読経之〔云々カ〕、依祈雨有二社奉幣云々、

八日、辛亥、今日向別所見地形、

九日、壬子、今日出立脚力、品治郷司政茂貢引出物馬二疋、

十日、癸丑、今日介久経貢馬四疋、京書立〔云〕、今日有賭弓、左

右大将不参、中宮大夫（源師忠）取巻（奏）、前方勝云々、
十三日、丙辰、自今夕於宇倍宮令転読大般若経、京書云、
今日臨時祭試楽云々、
十四日、丁巳、今日親定貢馬三疋、京書云、今日女御（藤原苡子）出御
新中納言（藤原宗通）高蔵第、懐妊五个月也云々、
十五日、戊午、今日宇倍宮春臨時祭也、依有所労不参、以目
代保清朝臣為使、
京書云、今日臨時祭也、左近中将忠教（藤原）朝臣為使、五献
之後事了、殿下（藤原師通）率諸卿有御見物云々、
十六日、己未、介助貞貢馬二疋、
十八日、辛酉、脚力来、今日常方貢馬三疋、常貞貢馬二疋、
依運上米祈祷於五所□奉幣十烈（列）、又令脩仁王講、以親
貞令補税所執行職、
十九日、壬戌、今日以舘侍并国侍令竞（競）射、
廿四日、丁卯、今日脚力帰来、
廿五日、戊辰、八上郡司国忠貢馬二疋、介邦真貢馬、（脱アルカ）
廿六日、己巳、早旦参詣宇倍宮奉幣、□（是カ）則令申上洛之由也、
社司久経儲饌、盃酌之後帰苻（府）、今日欲進発之処夜間甚
雨、朝間頗晴、雖然河水泛溢之由所聞也、仍以延引、
明旦可上道也、野見郷司真遠貢馬二疋、
廿七日、庚午、巳刻出国府、申刻著□□（智頭カ）駅仮屋、土師郷司
季兼貢馬一疋、
廿八日、辛未、辰刻進発、越鹿跡御坂、未刻著美作国佐奈
保、追捕使信助儲饌、
廿九日、壬申、早旦召信助賜馬一疋、辰刻進発、巳刻著佐
用、押□（領）使儲饌、賜馬一疋、未刻著播磨国平野、

（宮内庁書陵部蔵九条家本時範記）

四月
一日、癸酉、今日降雨、辰刻出宿、未刻著魚津、
二日、甲戌、早旦出宿、申斜宿生田社辺、入夜少雨、頃之又
晴、
三日、乙亥、早旦進発、入夜入洛、先参関白殿（藤原師通）、次参大殿（藤原師実）、
今日於斎院（令子内親王）有和謌御遊、両閤（藤原師実・師通）参御云々、

四日、丙子、今日不出仕、或人来告云、申刻許女御殿(藤原苡子)傷胎給、懐妊之後六ヶ月也、

五日、丁丑、午刻参大殿、次参殿(藤原師通)、次参鳥羽殿(白河)、入夜帰了、

六日、戊寅、今日於院(白河)被供養尊勝陀羅尼、始自公卿至于下部調献之、請僧廿口、僧正隆明為導師、是則依世間不閑御祈也、大殿、関白殿参御、下官不参、依禊祭行事也、入夜参大殿、次参宮(篤子内親王)、次参殿上、

七日、己卯、巳刻著束帯参大殿、午刻新大納言(藤原家忠)、左大将(藤原忠実)、二位中納言(藤原経実)被参、次出御、有御賀茂詣定、下官為執筆、其儀見去年記、定了、為御使参殿、晩頭帰了、

八日、庚辰、早旦参大殿、次参殿、申刻参宮、依御灌仏也、酉刻内(堀河天皇)御方御灌仏了、所司持参山形、御装束了、右大将(源雅実)、二位中納言、右衛門督(源雅俊)、大宮権大夫(藤原季仲)、新宰相(源国信)中将参上、御灌仏儀如恒、入夜退出、

九日、辛巳、早旦参大殿、午刻参殿、束帯、未刻新大納言、左大将、二位中納言参上、殿下出御、被定御賀茂詣事、下官為執筆、其儀如恒、定了、依仰参大殿覧定文、申刻参斎院、先是新大納言被参著客殿座、下官著、祐俊(小槻)宿禰先在座、院司参上、盃酌之後被定出車、出馬事、下官書之、事了上卿退出、直被参内、下官参内、上卿被著陣座、宰相不参、外記進例文并硯、次下官依上命著宰相座、定申御禊前駈、次第使等、定了覧上卿、々々以外記有清(中原)被内覧、是則秉燭之後也、有清未帰参以前、頭弁(藤原宗忠)奉勅仰下除目事、下官依上仰著宰相座書之、其儀先被下申文等、随上卿仰書之、除目四枚、史并山城介一枚、勘解由長官一枚、依公卿兼官書別紙、修理宮城使一枚、已上可賜式部、兵庫助一枚、可賜兵部、已叙位一枚、已上書五枚、除目各〔アキマヽ〕太政官計奏、叙位不注如例、召名書了、奉上卿、々々覧了、下官退座、上卿以頭弁被内覧、次参御所辺奏了、復仗座被下二省、先是被奏前駈定文如例、

左少史紀盛言、転任、右少史大江忠時、出納、

勘解由長官源基綱、兵庫助平盛兼、前陽明門院未給、

修理左宮城使源能俊、山城介惟宗盛親、即叙従五位下、

十日、壬午、午刻参大殿、次参殿、

十一日、癸未、今日天晴、午時参殿、次参院、

十二日、甲申、早旦参大殿、午刻参内、未刻向松尾社、申刻著社頭、掌侍仲子(源)、防州、参上、祭奠之儀如例、事了帰洛、其次詣平野社奉幣、次帰了、公家被立平野使、若狭守敦兼(藤原)、

十三日、乙酉、早旦参大殿、申定御賀茂詣舞人事、午後参高倉殿(祐子内親王)、次参内、候宮御方、

晩頭大殿令参給、臨暮退出、

十四日、丙戌、午後参殿、晩頭退出、

十五日、丁亥、早旦参大殿、申刻参殿、入夜参宮、

十六日、戊子、今日依所労不出仕、左大弁(源基綱)著座云々、

十七日、己丑、今日不出仕、

十八日、庚寅、今日不出仕、

十九日、辛卯、早旦参大殿、次参結政、先是左大弁、左中弁(源重資)、右中弁(藤原有信)被参著、未刻右大将(源雅実)被参、有政、申文之儀如例、有出立、被著南所、事了退出、下官触大弁留著造宮行事所、頃之民部卿(源俊明)、源宰相中将(国信)、今日被奉之、被参著、下官著座、上宣令勘行事所始日時、下知史広親(伴)、申上日時、即被下、々官結申起座、下左大史祐俊宿禰、任件日時令始作事、兼令成宣旨一枚、官厨家儲饌、盃酌之後上卿以下起座、巡検退出、次下官参殿、次参大殿、次参内宿侍、自去夕宮(篤子内親王)不例御也、

廿日、壬辰、巳刻退出、参大殿(藤原師実)、次参関白殿(藤原師通)、申刻帰参宮、今夕宿侍、今日被仰殿御前事了、

廿一日、癸巳、早旦参両殿、沙汰雑事、申刻帰参宮宿、

廿二日、甲午、早旦於宮被行御卜、依御悩也、奏事日之(マヽ)後退出、参大殿、巳刻参斎院(令子内親王)、依為行事也、大殿参御、申刻関白殿令参給、先是上卿新大納言(藤原家忠)、宰相、新宰相中将(源国信)、被著客殿座、走孺等渡客殿前、頃之出御、下官率上官渡大路如恒、行列次第如例、

左衛門、佐代周防守孝清(藤原)、尉藤原定遠、右衛門、権佐俊信(藤原)、尉藤原親定、左兵衛、佐顕重(源)、尉豊原貞平、右兵衛、佐代常陸守国房(源)、尉中原季兼、次第使、左馬助兼信(藤原カ)、右馬允平資範、

蔵人所前駆雑色家重、国盛、

本院宮主有故障、仍用代官、津守広重、

御禊之儀如例、

廿三日、乙未、今日参両殿、沙汰御物詣事、
廿四日、丙申、今日有御賀茂詣事、天晴、今日大殿、関白殿有御賀茂詣事、仍早旦大殿渡御於関白殿三条殿、兼日奉仕御装束、其儀見于去年記、午刻中宮大夫(源師忠)、新大納言、左大将(藤原忠実)、二位中納言(藤原経実)、左兵衛督(藤原能実)、宰相源中将(国信)、左大弁(源基綱)参上、両閤出御、次被渡両方御幣、神宝、次舞人〔乗カ〕尻渡、次出御、大殿前駈諸大夫廿人、殿上人十人、地下君達四人也、検非違使左衛門尉宮道式賢候御後、次関白殿、前駈如例、右中弁有信朝臣(藤原)、少納言懐季(藤原)、左大史祐俊(小槻)、大外記信俊(清原)等奉仕御前、検非違使左衛門尉高階盛業祗候、未刻著御下社御禊幄、陰陽博士泰長(安倍)奉仕御秡、御禊之儀如例、次入御社頭、大殿令著幣殿給、本社立案、五位大夫等運置御幣、神財等、前安藝守有俊朝臣(藤原)取金銀御幣伝献大殿、御拝之後給御幣於祢宜惟季、社司等運納神宝、次祝伊房(賀茂)参上、申返祝戸〔マ、〕、次給社司以下禄、次大殿令著右殿給、次関白殿令著幣殿給、令献神宝給儀同大殿、但右中弁有信朝臣献金銀幣、返祝之後給社司禄、次令著右殿給、次舞人迴御馬三匝、神馬在前、次東遊、此間社司供神酒并献奏、申刻事了出御、令著馬場屋給、次舞人馳御馬、次令立給、申斜著御上社御禊幄、御祓之儀如例、事了入御社頭、奉幣儀同下社、東遊之間内蔵寮羞饌、社司供神酒儀如例、事了賜舞人、陪従禄、酉刻著御馬場幄、賜殿下御前禄、次舞人馳御馬、次還御、下官依所労自上社帰洛、仍不扈従、

舞人

左

府生公利(秦)、敦重(下毛野)、武忠(下毛野)、番長公種(秦)、助久(秦)、敦清(下毛野)、

右

将曹兼方(秦)、府生行利(秦)、厚時(下毛野)〔敦〕、忠久(下毛野)、

御琴持、行高(下毛野)、宗貞(播磨)、

禄法

廿五日、丁酉、祭也、巳刻参斎院、先是大是〔衍カ〕大殿令参給、申刻上卿新大納言、宰相国信卿(源)、下官以下著客殿、走孺

等渡客殿、使々不参、頃之寄御輿、此間禊祭上卿以下
相率退出前行、次禊祭上卿、宰相烈(列)見辻立定車、次下
官率上官列車而渡、於万里小路辺見物、次検非違使渡、
次使々如例、王輿未渡以前、々行向河原幄、勧盃之後
参鳥居外屋、次斎王著御祭服、移腰輿入御社頭、次下
官直向神館了、
内蔵寮使、助行仲、近衛府使、右少将家定(源)、
馬寮、左権頭信忠、中宮使、権高(亮)顕(源)通朝臣、
山城介、(源)(惟宗)盛親(惟宗)、次第使、左馬助兼信(藤原カ)、
行列使、右馬允平資範、
廿六日、戊戌、早旦参斎王御所、自去夕不例御云々、午刻大
殿令参給、申刻使々参上、給禄退出、先是関白殿参御、
近衛府使参上、先著幄床子、次起座、東遊、給禄退出、
次行事弁以下賜禄退出、次寄御車、下官於栢杜扣車、
頃之渡大路、申斜参紫野院、斎王還御、前庭敷使以下
座、一如恒例、近衛府、馬寮使著座、長官伝喚、垣下
侍臣遞以勧盃、二献之後、近衛府使起座、立於屏下令
舞求子、三献之後、賜使以下禄、次両殿出御、下官帰
了、入夜参中宮宿侍、
廿七日、己亥、今日候宮(篤子内親王)、依不例御也、今夕宿侍、
廿八日、庚子、早旦退出、参大殿(藤原師実)、頃之退出、申刻著束帯参
内、季御読経始也、入夜事了、立南殿行香、次宮御方
被始大般若御読経、仁王講、此間心神乖例相扶祇候、
事了帰了、
廿九日、辛丑、所悩不発、
卅日、壬寅、所悩発、

五月

一日、癸卯、所悩不発、
二日、甲辰、所悩発、
三日、乙巳、所悩不発、
四日、丙午、所悩発、
六日、戊申、今日公家(堀河天皇)被発遣廿二社奉幣使、依天下病事也、
今日所悩発、今日内新図五大力尊像、写金泥仁王経一

部、崛権大僧都隆禅令開講之、講演之間所悩雖有発動
之気、依講経之力忽以解散、今日以後不発、
九日、辛亥、今日公家於南殿被行如法仁王会、依天下病患
也、
十二日、甲寅、今日公家於南殿、以六十口僧被行大般若御
読経、限以七日云々、
十八日、庚申、今日始以沐浴、
廿四日、丙寅、今日最勝講始也、今夕参南殿、
廿八日、庚午、今日最勝講終也、有僧綱召、又被下阿闍梨
宣旨云々、
　権律師永観、三会已講、斎〔斉〕尊、二会已講、行勝、公家御修法労、
　被下阿闍梨五人宣旨云々、
今日於東大寺有千僧御読経、依疾疫也、右中弁有信〔藤原〕朝
臣行之云々、

六月
三日、甲戌、今日参両殿、次参内、参宮御方、
四日、乙亥、不出仕、
五日、丙子、今日始参結政、次参内裏、
六日、丁丑、今日早旦参大殿、次参大殿〔衍カ〕、次参内、
八日、己卯、早旦参殿、次参大殿、次参内、
九日、庚辰、巳刻参大殿、次参内裏、午後民部卿〔源俊明〕被参、巡検
之後被退出、
十日、辛巳、早旦参殿、午後退出、参内、此一両日宮有御風
気、
十一日、壬午、早旦参大殿、次参宮、申刻退出、入夜参神祇
官、太皇大〔太〕后宮権大夫〔藤原季仲〕被参会、宰相不参、仍上卿一人
可行由、予以被仰下、亥一刻供神座、上卿取手巾莒、
下官并少納言家俊〔源〕昇坂枕、中務官人、内舎人、大舎人
等昇神座、次掃部官人供神座、次上卿以下復座、次供
夕膳、子一刻撤神膳、丑一刻供暁膳、寅一刻撤神膳、
次上卿以下率参、撤神座、事了退出、
十二日、癸未、辰刻参大殿、次参院〔白河〕、去夕有御霍乱事之故
也、未刻帰洛、申刻著衣冠参大殿、次向尊重寺、今日

依相公(平親信)遠忌也、次参宮、及深更退出、
十三日、甲申、早旦参大殿、次参殿、次参宮、自内依有御消息参大殿、即以帰参申御返事、次退出、入夜帰参宿侍、
十四日、乙酉、早旦退出、参内裏、巡検之後退出、次参大殿、次帰了、
十五日、丙戌、今日依遠忌不出仕、
十六日、丁亥、早旦参宮、次参両殿、午後退出、
十七日、戊子、早旦参関白殿、次参大殿、次参宮、申刻依大殿召参斎院(令子内親王)、大殿参御、依御物忌令立門外給、自去四月祭夜不例御、而近日殊以発御、殆可及危急、頃之令落居給、仍帰御、
十八日、己丑、早旦参両殿、次参宮、今日斎院御心地尚以不例、仍大殿令営参給、下官参上、臨昏退出、
入夜参関白殿、頸有御二禁、一両日所令沃水給也、而今日更発御云々、仍所営参也、頃之参大殿、召御前、為御使参関白殿、已臨夜半、仍宿侍、
十九日、庚寅、今日終日祗候、早旦大殿渡御、午刻大殿令参斎院給、晩頭有所労、仍退出了、
被造始御仏六体、薬師、不動、大威徳、千手、不空羂索、延命、
被始御修法三壇、不動、薬師、不空羂索、
御読経、薬師、仁王講、春日御社大般若、
今日有軒廊御卜云々、依斎院御悩也、
廿日、辛卯、伝聞、今日斎院(令子内親王)依病辞退令退出給、大殿(藤原師実)、左大将(藤原忠実)令営参給、移御々車之間、殆如危急、即出御土左守有佐朝臣(藤原)宿所、其後令落居給云々、
廿一日、壬辰、今日未明斎院渡御法成寺南座主房云々、伝聞、主税頭忠康朝臣(丹波)、盛親(安倍)殿下御二禁加針了、其後尚依不快御、重召成貞(和気)被加針了云々、
廿三日、甲午、今日関白殿(藤原師通)被始行種々御祈祷云々、
廿五日、丙申、今日有関白殿御上表事云々、
廿六日、丁酉、今日御悩不快、仍有御諷誦云々、
下官自去十九日有所労不参入、々夜相扶参入、頃之退出、
廿八日、己亥、辰刻関白殿御悩危急之由、依有其告逐電参

入、有所々御誦経、兼亦諸社被奉御馬、又被造始御仏
数躰、亦令剃御頂髪給、座主(仁覚)令授戒給、事出密々不及
披露、及于午刻御臨終一定了、悲歎之至不存筆札、下
官晡時退出、晩頭帰参、御所在寝殿東北渡殿立迴御屏
風、入夜供御燈、北面、云々、
廿九日、庚子、今明日々次不宜、仍無雑事沙汰、供御膳如
例云々、土高坏六本云々、又供御手水、已上民部大輔行信(源)為陪膳
云々、今日参殿、
卅日、辛丑、今日参殿、（東山御文庫本三木左大弁源基綱朝臣記）

七月
九日、庚戌、右〔左〕大将(藤原忠実)御追善、
今夕永基、静信、已上於殿内行之、禅仁、於宇治行之、静慶、於木幡行之、隆縁、於仁和寺行之、
呪願権大僧都隆禅、導師権律師賢暹云々、御前導師不
賜之、被放野口御牧、是則宇治殿(藤原頼通)時例云々、
十日、辛亥、午刻左大将還御、於𡋽屋川有御手祓、以草
為人形云々、黄昏時有御仏経供養、御仏同昨日、紺紙
法花経六部、教真大法師為講師、説法了賜布施、僧都五疋、律師四疋、凡僧各二疋、仏布施二疋、
十一日、今日二七日也、権律師延真為講師、布施同上、
廿一日、壬戌、今旦大殿(藤原師実)渡小寝殿東庇、新大納言(藤原家忠)、大将(藤原忠実)
殿令候給、讃岐守行家朝臣(藤原)取𡋽筆参上、御法事雑事有
日時勘文、
今日御懺法、次本家北政所(藤原信子)被供養阿弥陀如来像一舗、
色𡋽法花経一部、是則五七日、仍令修御法事給、而後
日依日次不宜、今日以吉日所令始修給也、権大僧都隆
禅為講師、説法畢賜布施、講師十疋七疋〔脱アルカ〕、凡僧各五疋、加賜宿装束各一
具、又自簾中被出浅黄御単重、右馬頭兼実朝臣(藤原)参進取
之賜講師、

八月
三日、今日癸酉、今日五七日也、後二条殿師通朝間懺法之次、有講経
事、智尊為講師、申刻有曼荼羅供、記在裏、事了置階〔マヽ〕、

例時如恒、
三日、癸酉、天晴、今日五七日御法事也、、、、記六アリ、
其儀寝殿母屋東第三間立仏台、奉懸○胎蔵、金剛両部マタラ、
法印《導師》権大僧都定賢率讃衆廿口其中十口衲衆、参上、先著集会所、
次中宮大夫(源師忠)、新大納言(藤原家忠)、左兵衛督(藤原能実)、左大弁(源基綱)参上著座、
各著宿袍、但殿上人以下束帯、○次導師参上、乗肩輿、駕丁四人、著当色荷之、右衛門
尉藤原親実執蓋、前下総守資俊、内蔵助行仲張蓋綱、
十弟子相従、参南階下、輿蓋退無門前、灌水并香象、
導師為先、讃衆行道、訖導師就礼盤、讃衆座定、次堂
童子、此間供御殿油、供養法儀了有誦経、導師奉仕之、戌
刻事了、賜布施有差、
導師、綾褂一重、絹五十疋、新大納言取被物、左馬頭師隆(源)朝臣取布施、供養料米卅石、下文差布施上、
讃衆、各褂一重、絹十五疋、供養料米各三石、殿上人諸大夫相交取之、
十弟子、各絹三疋、天童二人、各絹二疋、
十弟子天童等禄、先例雖無之、依九条太政大臣(藤原信長)殿例
給云々、
今日無僧前、

八日、戊寅、今日有御法事、其儀○母屋中央間立仏台、
懸極楽変曼荼羅、智光マタラ也、兼日之儀、可被供養丈六阿弥陀如来像者、而大殿御所在東庇、仍当王相方、被供養木像可有憚之由、陰陽家所申也、
早旦分遣七僧法服、諸大夫為使、未刻諸僧参会、次打鐘、
次中宮大夫(源師忠)、新大納言(藤原家忠)、左兵衛督(藤原能実)、左大弁(源基綱)参上、著仏
前座、束帯、
次咒願師権大僧都定賢、講師権大僧都隆禅、読師法眼
実覚、三礼権律師賢暹、唄権律師延真、散花大法師智
尊、已講、堂達大法師任尊、阿闍梨、率百僧入自東中門前庭、
昇自南階、相分著左右方座、諸僧座定、講読師礼仏登
高座、堂達打磬、○次御願文授導師、々々啓白、説法
之状宛如懸河、御台〔緇素カ〕無不拭涙、、、〔説法カ〕了講読師復座、呪
願三礼□□(継目)礼版、次有行香、中宮大夫不被立、公卿三
人、殿上四位已下五人行之、左衛門尉源家俊取火舎行
香了、
十六日、以権大僧都隆禅為講師、演〔講脱カ〕之儀宛如富楼之再誕、
聴聞之輩緇素落涙、事了両方給布施、先大殿給之、記

アリ、
次北政所(藤原信子)、法服一具、綾掛一重、絹百疋、米廿石、銀香呂一口、金剛子念珠一連、律師綾掛一重、布袴一腰、絹卅疋、袈裟一条、米十石、井子念珠一連、凡僧各単重一々領〔マヽ〕、絹十疋、袈裟一条、米五石、念珠一連云々、今夕大将殿(藤原忠実)、自土〔マヽ〕殿令昇給、以小寝殿北東渡〔殿脱カ〕為御所、御膳令用黒合子云々、

十七日、丁亥、今日御正日也、朝有毎日御仏供養、以範延為講師、事訖奉仕御装束、其儀南庇東第四五六間、安置等身金色アミタ九躰、、、、左方七僧座、又右方七僧座アリ、一如去八日御法事、御願文清書顕仲朝臣、継色紙云々、導師権大僧都隆禅、呪願法眼実覚、読師権律師賢暹、三礼権律師延真、唄教真大法師、散花智尊已講、大法師堂達永清已講、大法師題名僧率卅口、○次撤御装束、更儲例時座、念仏僧等参上、黄昏例時了賜布施有等級云々、

(元亨三年具注暦裏書)

廿八日、戊戌、晩頭参内、左大臣(源俊房)、中宮大夫(源師忠)、民部卿(源俊明)、右大将(源雅実)、左衛門督(藤原公実)、源中納言(源俊実)、右衛門督(源雅俊)、大〔太〕皇大〔太〕后宮(藤原季仲)権大夫、左大弁(源基綱)参上、入夜頭弁宗忠(藤原)朝臣奉　勅、下年号勘文左大臣、件勘文式部大輔正家(藤原)朝臣、文章博士(藤原成季・菅原在良)択申之、并両大臣兼令奏之、群卿定申云、可被用正家朝臣択申承安并康和字者、以頭弁被奏之、〔上脱カ〕主仰云、両个之間定申勝字、重申云、可用康和、勘〔勅〕可之後、大臣召大内記兼衡(藤原)、仰可作詔書之由、

(歴代残闕日記、十五)

(朱書)「内覧事」
廿八日、戊戌、今日有改元、左大将殿可御覧太政官文書由被下宣旨了、亥刻頭弁奉勅、仰中宮大夫云、太政官所申文書、触権大納言藤原朝臣、左大将也、可令奉行者、上卿奉仰移外座、召大外記定俊(清原)仰之、次上卿退去、先是大殿并大将殿渡御枇杷殿、大宮御所也、中宮大夫、民部卿、左衛門督、源中納言、左大弁被率参枇杷殿、大外記定俊云、宣旨入莒持参、以伊予守泰仲(高階)朝臣申事由、次左大将殿(朱書)「吉書事」束帯、出御東対代、群卿著座、次権左中弁能俊(源)朝臣以近江国年料米五十斛文〔解脱カ下同ジ〕、御堂(藤原道長)御時例、挿書杖覧之、御覧了返給、能俊朝臣結申退、次頭弁覧美濃国広絹解文、御堂例、両

人参内奏聞、早以帰参可令下申由、被仰下之、次家司伊与守泰仲朝臣申美作国御封解文、次大外記定俊参上、覧宣旨書返給退、次下官依仰以伊予国年料米五十斛文付泰仲朝臣覧之、次参内奏聞、逐電帰参、先是於左中弁(源重資)并頭弁参上御前下申宣旨、即以被返下、次下官以解文付泰仲朝臣下申之、返給、次頭弁并権弁、下官召左大史広親(伴)、依仰下之、今夜上官率参先例云々、次大将殿令参大后(藤原寛子)御方給、有御贈物、琵琶一面、次大殿并大将殿渡御伊与守泰仲朝臣東洞院四条南小路宅了、此外今夜無他事云々、

宣旨事(朱書)「宣旨事」

□(正)三(二)位行権大納言源朝臣師忠宣奉勅、太政官所申文書、触権大納言藤原朝臣(忠実)可令奉行者、

康和元年八月廿八日正五位下行大外記兼博士主税助清原真人定俊奉、

（摂関詔宣下類聚）

閏九月

十六日、乙酉、早旦参宮(篤子内親王)、今日被始新写、石清水、大般若、僧六口、賀茂下上、仁王経、三口、日吉同前、七仏薬師御修法、座主(仁覚)、伴十二口、冥道供、暹救、星供二壇祢〔マヽ〕令供、

十月

十一日、大法師範胤、於山上、以二口伴僧奉修軍夕利法、自今日始行〻〻〔云々カ〕、自内被奉渡新造等身五大尊像、以法印権大僧都良意、付于密教令供養〻〻〔云々カ〕、

十七日、乙卯、以十口僧、千巻観経、宮御方(篤子内親王)、今日延暦寺加持僧十二口奉仕供不動供八壇、良智、範監〔マヽ〕、維元、行意、頼禅、念範、経範、平益、大威徳供一壇、快禅、薬師供二壇、経尋、尋顕、千手供一壇、院監〔マヽ〕、木星供、覚隠、聖天供二壇、永意、経海、

十一月

廿九日、丁酉、寅刻参院(白河)、権僧正房、白河、五壇御修法結願了、

良意、長覚、行勝、公円、公伊、於御前有御加持、賜
布施被物等、院賜之、兼又権僧正被儲之、
有勅禄事、依権僧正譲、以権律師証観補権少僧都
（元亨四年具注暦裏書）

十二月
〔五日、〕
打灌頂人事
時範記云、
左大臣（源俊房）以下打之、
（御室相承記、中御室）

康和二年

正月
十五日、壬午、参宮（篤子内親王）、被始随求御修法、範胤於山行之、（修法要抄雑例）
十五日、壬午、参宮、被始御修法、北斗、覚修、一字金輪、
定慶、随求、範胤、於山行之、

有五大尊供養事、良意法印為導師、下官取被物、為隆（藤原）取布施、
十八日、乙酉、今夕座主（仁覚）於山上、以十六口番僧被行熾盛
光御修法、依宮御祈也、

四月
一日、丁酉、今日々蝕也、早旦参大将殿（藤原忠実）、以六口僧、被
満尊勝タラ尼、以五口僧、被転読大品経、依日蝕御祈
也、巳刻虧初、十五分之二三、午刻復末〔未カ〕了、
卅日、可被行遷宮諸社御読経并仁王会事、一枚諸社御読
経日時、五月廿四日、庚寅、一枚仁王会日時、五月十二日、戊
寅、一枚安鎮御修法、五月廿四日、庚寅、件法座主大僧正仁
覚可奉仕由、被仰下先了、即去廿七日進支度文、自今
日令書マタラ、上卿定僧名了、下官先被内覧、次奏聞
返下于上卿、被賜下官、

五月小
四日、庚午、参大殿（藤原師実）、左大将殿有御灸治、主税頭忠康（丹波）朝臣奉仕

之、午後大殿還御、申刻渡御宇治殿了、自明日可被行
アミタ護广（摩）、九壇云々、
十二日、戊寅、今日於新造内裏、有仁王会事、中殿講師
法印権大僧都良意申所労、相扶可遂之由仰之、
廿四日、今夕大僧正仁覚、天台座主、引卒（率）廿口伴僧、於仁寿殿
勤修安鎮国家不動法、至于マタラ新奉図絵、即於アサ
リ図絵支度在別、有祭文、式部大輔正家（藤原）朝臣奉勅草之、
仍別不被仰御願趣、蔵人右近将監季安（藤原）為行事、上官相
加行之、
廿九日、参内裏、今夕安鎮御修法所、可被行安鎮者、仍
為沙汰件事也、入夜初夜時後、南殿前庭掘穴、修中央
鎮、被埋五宝、此間左右楽人奏楽、（左脱カ）賀殿、万才楽、右
地久、延喜楽、舞間中央鎮了、阿闍梨率伴僧、出自承
明門、於中重行八方鎮、行了入自同門、事了下官退出、
今日民部卿（源俊明）参上、被勘申立御帳日時、始御装束日時、
以頭弁（源能俊）被奏聞之、

六月
一日、今夕主計頭道言（賀茂）朝臣奉仕大鎮、
二日、丁酉、安鎮御修法結願了、勅使右近中将顕実（藤原）朝臣仰
賜度者由、蔵人永雅（藤原）取御衣帰参、安鎮不動マタラ納莒
被安仁寿殿天井上、アサリ賜白大褂一領、布施十疋、伴
僧各三疋、有仏布施、綿卅屯、
七日、壬寅、今日故殿周閑（藤原師通）、後二条殿師通、承徳三六月廿八日薨
云々、御法事也、先是大殿（藤原師実）渡御、堂荘厳并客亭、僧集会
座等、一如去年八月八日儀、御導師法印権大僧都頼尊、
咒願法印権大僧都定賢、唄法印権大僧都隆禅、読師法
眼実覚、三礼前律師賢暹、散花法橋仁恵、堂達已講定
覚、已上今朝分給法服、但頼尊寄事老乱、猥垂（乗カ）肩輿入自中門、参自掖、隆禅依労病不陪列、自脇参上就礼盤、率百僧
入自東中門、昇自南階参上、諸僧座定、講読師礼仏、
諸僧惣礼、講読師登高座、諸僧座定、次堂達打磬、堂
童子、、、、次預百僧布施之中、法橋源懐（快）預被物、但
給七僧布施之時追賜之、次有所々加布施、先太宮（藤原寛子）、次高蔵宮（祐子内親王）、次大
殿北政所（源麗子）、次行香、七僧布施并禄、法印三口、各綾褂一重、

絹六十疋、米卅石、法眼同褂一重、絹五十疋、米廿五石、律師、法橋各同褂一重、絹四十疋、米廿石、堂達褂一重、絹卅疋、米十五石、次所々加布施不能具記、百僧布施、法橋白褂一領、絹十五疋、米十石、凡僧各絹五疋、米三石、御誦経、大殿五百段、大宮三百段、高蔵宮三百段、大殿北政所三百段、本家北政所(藤原信子)三百段、本〔衍〕家北政所三百段、自余不能具記、御願文大将殿(藤原忠実)有御判、無諷誦文、御装束能遠朝臣(高階カ)奉仕之、七僧法服、伊与、讃岐、土左、因幡、三川、武蔵、遠江、調献之、諸大夫為使、

十九日、左大将殿有御除服事、俗説者正日除之、尋先例令除給也、

廿八日、癸亥、今日故殿御正日也、早旦参二条殿、依修マタラ供、法印権大僧都定覚卒〔率〕廿口参上、導師織物褂一重、絹百疋、米卅石、讃衆各褂一重、絹十五疋、米三石、北政所有加布施、導師被物一重、布施卅疋、讃衆被物一重、布施五疋、導師被物之外、大殿有加布施云々、今朝導師之方へ、遣束帯法服一具了、

七月

廿五日、庚寅、早旦参白河仏所、仮屋有四宇、一宇金堂、一宇講堂、一宇薬師堂、一宇五大堂、即金堂御仏仮屋敷莚案、置御衣木南庇中央間、当中尊、礼盤其前机排批香花仏供、礼版左右立脇机、左脇机安灑水具、右机可置鈴杵料也、右宣〔マヽ〕立磬、其西間敷高麗端帖一枚、為仁和寺法親王(覚行法親王)御座、中央間以西三个〔間カ〕召身屋柱引隔纐〔纈脱〕幔北廂、中央間以西、儲大仏師座、件仮屋中央間以西南庭立五丈纐纈幄一宇、其内舗帖為僧綱座、以東立五丈幄一宇為公卿、舗〔座脱カ〕半帖如例、已上東西妻、其東立五丈幄一宇、為弁小〔少〕納言上官座、南方引亘斑幔、北房屋為親王休幕、陰陽助家栄(賀茂)参上、申刻限成了之由、親王自仗盧参上、就仏前座、権少僧都経範、仁豪、法眼澄仁、覚意、律師公円、寛助等著座、民部卿(源俊明)、右宰相中将(藤原仲実)、新宰相源中将(源顕通)、右大弁(藤原宗忠)著座、親王先奉仕供養法、次大仏師法橋円勢、著浄衣、次仏師八十人、著絹浄衣、小仏師百廿人、著布浄衣、参上、先以香水奉洗御衣木、拭乾其上、先被始金堂御仏、次講堂、

次薬師堂、次五大堂、同時円勢一身相兼奉始了、次僧侶公卿惣礼、了僧侶退出、次公卿退出、此間仏師著饗、諸司儲之、此仏所屋南廂設座、次大仏師御被物、掛一領、次仏師以下各疋絹、惣送大仏師屋令頒御之次、下官帰華、

八月

八日、壬寅、今夕右苻(藤原忠実)〔府〕令始行孔雀経御修法給、定賢法印、番僧十二口、

十日、甲辰、今日山御願供養也、座主(仁覚)在信〔任カ〕当時、在藩之時、被奉造尊勝マタラ像、即建立一堂、以今日可被供養也、公卿数輩殿上人等参上、以座主為導師、就旧法被供養、讃衆廿口、布施供養、官給之、即被寄阿闍梨五口、座主有勧賞、法橋経暹叙法眼、依件譲也、宮有御仏供養、不動尊、即奉行、御修法寛慶法眼行之云々、

十九日、癸丑、被始宮御修法、薬師、座主、不動、仁源、降三世、実慶、軍タリ、静意、大威徳、尋仁、金剛夜叉、兼賢、

九月

四日、丁卯、戌刻中宮(篤子内親王)依御悩出御基隆朝臣(藤原)第、北面差申御車、貞信公(藤原忠平)糸毛、道言(賀茂)可奉仕反閉、右苻〔府〕、民部卿(源俊明)、権大納言(藤原家忠)、新大納言(藤原公実)已下供奉、薬師御修法、自今夕以七仏薬師儀被遂行云々、

十月

四日、丁酉、今日宮(篤子内親王)被供養新写大般若経、仍早旦参上、懸〻令奉仕御装束、其儀撤御帳御座巻帷、立仏台懸御仏、〔新〕初写釈迦像、毎間懸彩幡、仏前立香花仏供机、其左右供燈明、御帳挑之、北辺立聖供机、当仏前西庇立礼版、為導師座、前机安第一巻、自棟副戸西掖西行、敷高麗端帖為僧綱座、母屋第一間及西庇舗紫端帖〔為脱カ〕凡僧座、南庇一行舗同帖為同座、至于南第一間相対舗之、立経机卅前、安置御経、寂末座前立磬、仏前簀子立行香散花机、同簀子敷高麗端帖為公卿座、南弘庇舗紫端帖為堂童子座、一行、依無便宜、立北方座、巳刻権少僧都貞尋、権律師慶増、定真、法橋定

秀以下皆参、講師法印権大僧都覚信遅参、仍可被供養転読之故、僧侶先昇、蜜（密）々揚題者、且以転読、未刻民部卿（源俊明）、権大納言（藤原家忠）、二位中納言（藤原経実）、左衛門督（藤原公実）、権大夫（藤原能実）、大宮権（藤原季仲）、右兵衛督（源師頼）、左宰相中将（源顕通）、源宰相（能俊）、新宰相中将（藤原忠教）、大蔵卿（源道良）参上、申刻導師参上、権大夫以下官被尋事由、被仰下可打鐘之由、次公卿著座、次衆僧参上、導師就礼版撃磬、堂童子大夫四人著座、唱唄之後分花莒、次散花行道、次堂童子収花莒退入、導師啓白、次転読如例、事了有行香、侍長取火虵、次賜布施、導師被物一重、権大夫取之、布施絹廿疋、権亮（源顕通）取之、僧都七疋、律師法橋各五疋、凡僧三疋、公卿以下取之、事了参京極殿、大殿出御々堂南庇、下官参御前、可令勘日時之由退出、下知光平（賀茂）泰長（安倍）令勘之、次持参覧之、次下官執帋筆参上書定文、書了覧之、公卿見了如元下給、下官取帋筆退入、参入公卿、権大納言、二位中納言、権大夫、新宰相中将、大蔵卿也、次持参宮啓之、

（元亨四年具注暦裏書）

康和三年

正月

二日、幸鳥羽殿、時範記、

舞三番

無御遊、

（御遊抄、三）

二月

十三日、甲辰、宇治禅閤（藤原師実）師実、京極殿云々、承保二十十五関白、応徳三十一廿六摂政、三十八摂政四十五云々、寅刻令薨逝（衍カ）給云々、

廿一日、御葬礼云々、権律師行賢、法橋仁恵奉仕、導師呪願、炬火七人、迎火十一人、天明荼毘了、

（元亨三年具注暦裏書）

三月

十二日、癸酉、今暁於内裏、法印権大僧都良意率廿口伴僧、勤修尊勝法、以北対為壇所、是則御願寺曼荼羅堂可被安置御仏也、而今日依吉日、御修法次所被開眼也、

(修法要抄雑例ニ同ジ)
主上(堀河天皇)渡御壇所、
十七日、戊寅、宇治殿五七日也、
廿一日、壬午、禅閤御法事也、諸僧廿口、七僧在之中、
権律師行賢、斉尊、法橋仁恵、在七僧列、斉尊為講師、
皆用寺僧、准宇治殿(藤原頼通)御時例被行之、依御遺言也、等身
金色ミタ像、以三尺不動尊、観音像、為脇士、金泥法
花経一部、黒字同経百部、可有御誦経、布三百端云々、
廿九日、今日宮被始御修法二壇、薬師、覚澄、不動、増賢、
日曜供、元証、奎星、明算、御読経、薬師、僧九口、
今日太上天皇(白河)城南離宮中建立堂舎、今日就密教被供養
云々、
阿闍梨覚行法親王為導師、
讃衆卅口
権僧正増誉、法印権大僧都良意、慶朝、権大僧都経
範、権少僧都貞尋、淳観〔証〕、長覚、覚意、法眼寛慶、
澄仁、権律師寛助、公円、行勝、法橋厳覚、已上十
四口、
凡僧十六口皆悉召東寺、威従各二人、
本院有御誦経、公家有御誦経、五百反、
導師、絹五十疋、
讃衆
権僧正、卅疋、大僧都三口、各廿五疋
少僧都四口、各廿疋、法眼二口、各廿疋、
律師三口、各十五疋、法橋一口、十五疋、
凡僧十六口、各七疋、威儀師二口、各五疋、
従儀師二口、各三疋、
已上、中宮(篤子内親王)加布施、并四百六十三疋、

五月
廿九日、御修法、頼基為阿闍梨修不動調伏法云々、
(元亨三年具注暦裏書)

六月
一日、庚寅、午時参中宮、中行御修法事等、雖神事間、

於陣外被行之、
愛染王、御仏新造、仍今日供養、禅円、伴僧四口、
軍荼利　経観、伴僧四口、（修法要抄雑例）

一日、御修法愛染王、御仏新造、仍今日供養、禅円、伴僧四口、軍タリ、経観、伴僧四口、

三日、日来良祐所勤修薬師法、依彼辞退、以法橋尋仁令延修云々、

十三日、壬寅、未刻参御願寺行事所、々々々屋母屋東第一間敷高麗端帖為上師〔卿〕座、南端、自第二間敷同帖為僧綱座、北端、第四間東面儲并〔弁カ〕国司座、紫端、西庇儲史座、件舎西頭所司立五丈幄、為行事官座、金堂一所、中央、講堂一所、灌頂堂二所、五大堂、薬師堂、観音堂、曼荼羅堂、東西御塔各一所、修理職、木工寮相分立蔀屋、金堂二丈、余一丈、自引幔於四面、以之為鎮地所、近辺所司立幄為備供物所、申刻上卿民部卿〔源俊明〕参上、頃之雅楽頭泰長〔安倍〕参上、々々〔泰長カ〕問刻限、申及于酉二刻之由、遣催権大僧都経範之処、乍候辺不参上、刻限欲過、仍下知諸堂所課国司并工等、酉二刻令居礎石、又令築始御堂并南大門諸門等壇了、戌刻経範僧都参上、泰長問刻限、令申亥二点吉由、仍相尋亥二刻、令行鎮壇事、経範先向奉仕地天供、其後掘壙、埋納五宝五薬五香等銅壺、鎮地畢、其後令填土了、事畢上卿退出、次経範向諸堂御塔、奉仕地天供并鎮地了、子刻事退〔畢脱カ〕出、次下官退出、鎮地支度在別、先日之儀、仁和寺法親王〔覚行法親王〕可令参給者、而依寛意僧都所悩危急、令辞申給、仍召経範畢、

廿日、己酉、〔藤原忠実〕右府自今夕、以頼救令奉仕愛染王法、伴僧四口、
（元亨三年具注暦裏書）

康和四年

正月

十四日、庚午、法印権大僧都経範加持香水、権律師定真奉仕結番論義了、定昭大法師面〔マヽ〕奉仕随喜云々、

五月
十三日、丁卯、及于深更藤大納言（公実）被参右杖、有任僧綱事、
大僧正隆明、僧正増誉、権僧正良意、権大僧都範俊、
永実、権少僧都慶増、定真
権律師智尊、三会一、応覚、二会一、
　延暦寺座主法印権大僧都慶朝、以少納言懐季（藤原）、為宣
　命使云々、
廿六日、庚辰、向伊与守（藤原国明）第、権僧正（良意）為申慶賀、自此処被
出立也、前駈廿人、依宣旨縮員数也、次参東三条殿、
右府（藤原忠実）渡御、此殿東対南庇西第二間子午敷高麗端帖一
枚、敷茵為僧正座、其西間敷菅円満為御座（座）、未刻僧正
参上、下官相逢申事由、次出御、南端、僧正被参御対面、
有曳出物、御馬一疋、五位一人、衛府引之、次僧正退出、
廿七日、辛巳、権大僧都範俊申慶賀、（元亨三年具注暦裏書）

天仁元年（嘉承三年）

正月
八日、太元法阿闍梨有重故障、仍法印範俊仮当列、勤修
之云々、（群言鈔、十一）

人名索引

凡例

一、人名の配列は音読による五十音順とし、( )内に氏(僧侶の場合は(僧))、続いて官職・呼称、年月日を示した。

二、底本の人名が明らかな誤りと確認できたものに関しては、本文中でそれを示し、索引もそれに準じて作成した。

三、官職・呼称は、同一事項を複数表記している場合は、全て示した。また、登場の順に時系列に示した。

四、本文中、官職・呼称のみで表記されている場合は、→で比定される人名を示した。

ア

安季(源)　右兵衛府　承徳元・10・15

按察使→実季(藤原)

按察大納言→実季(藤原)・宗俊(藤原)

イ

為遠(高階)　散位　寛治7・正・25

惟遠(豊原)　散位　康和元・正・2

為家(高階)　伊与守・(中宮)亮・(郁芳門院)別当・近江守・丹後守　寛治2・12・9、寛治2・12・14、寛治2・12・27、寛治7・正・11、寛治7・正・19、寛治7・正・25、寛治7・2・10、康和元・2・9

伊家(藤原)　寛治2・12・9

維懐(僧)　権少僧都　寛治2・12・27

惟季(　)　祢宜　康和元・4・24

郁芳門院→媞子内親王

惟兼(源)　六位進・権少進・中宮少進・進蔵人　承徳元・10・10、承徳2・6・20、康和元・正・18、康和元・正・23、康和元・2・9

維元(僧)　康和元・10・17

以綱(橘)　相模守　寛治2・12・14、康和元・2・9

苡子(藤原)　女御　康和元・正・26、康和元・3・14、康和元・4・4

為俊(平)　検非違使　寛治7・10・3

惟俊(大中臣)　玄蕃允　承徳元・10・10、承徳元・10・11

伊信(藤原)　寛治2・12・9、承徳2・正・6

惟信(藤原)　散位・少納言・斎院長官　寛治2・3・24、寛治2・12・9、寛治2・12・14、嘉保元・3・11、康和元・正・2

惟清(源)　源蔵人　寛治7・正・25

為宣(藤原)　蔵人典薬助・遠江権守　寛治7・正・5、承徳元・10・17

一院→白河天皇

一条院　寛治2・10・21、承徳元・10・3

惟輔(藤原)　寛治2・3・24、寛治2・12・9

為房(藤原)　蔵人・権左少弁・左衛門権佐・家司・修理権大夫・左少弁　応

徳3・12・16、寛治元・4・7、寛治2・10・21、寛治2・11・1、寛治2・11・20、寛治2・12・9、寛治2・12・14、寛治2・12・17、寛治2・12・21、寛治5・正・6、寛治6・正・5、嘉保2・正・5、承徳元・10・17、承徳2・6・13、康和元・正・15、康和元・正・18
伊房（藤原） 治部卿 応徳3・12・16、寛治2・3・23、寛治2・3・24
伊房（賀茂） 祝 康和元・4・24
伊与守→国明（藤原）
為隆（藤原） 甲斐守・淡路守・中宮権大進・新蔵人 寛治2・3・23、嘉保元・3・11、嘉保元・6・13、康和元・正・14、康和元・正・18、康和元・正・23、康和元・2・11、康和2・正・15
院→白河天皇
院監（僧） 康和元・10・17
院助（僧） 法橋 承徳元・10・24

ウ

右衛門督→実季（藤原）・俊明（源）・公実（藤原）・俊実（源）・基忠（藤原）・雅俊（源）
右近中将→経実（藤原）・仲実（藤原）
右宰相中将→基忠（藤原）・経実（藤原）・仲実（藤原）
宇治禅閤→師実（藤原）
宇治殿→頼通（藤原）・師実（藤原）
右少弁→俊信（藤原）
右大史→時真（豊原）
右大将→雅実（源）
右大丞→基綱（源）
右大臣→顕房（源）
右大弁→通俊（藤原）・基綱（源）・宗忠（藤原）
右中弁→宗忠（藤原）・有信（藤原）
右兵衛督→俊実（源）・雅俊（源）・師頼（源）
右府→顕房（源）・忠実（藤原）

エ

永意（僧） 康和元・10・17
永縁（僧） 已講・権律師 永長元・3・25、永長元・3・27、承徳元・10・3、承徳2・3・6
永雅（藤原） 大舎人助・新蔵人・蔵人 康和元・正・18、康和元・正・23、康和2・6・2
永観（僧） 権律師 康和元・5・28
永基（僧） 康和元・7・9
永実（藤原） 殿勾当・蔵人・右兵衛尉・甲斐権守 寛治2・3・23、寛治5・正・6、寛治7・10・3、承徳元・10・17
永実（僧） 権大僧都 康和4・5・13
永順（僧） 大法師 承徳2・6・13
永清（僧） 大法師・已講 承徳元・10・30、康和元・8・17
永超（僧） 権少僧都 寛治2・12・27
永珍（僧） 大法師 承徳2・6・13
永範（僧） 法橋 永長元・3・7
延喜聖主→醍醐天皇
延行（紀） 右大史 嘉保元・6・22
遠実（高階） 蔵人・掃部助 寛治7・正・25
延昌（僧） 座主 永長元・3・19
延真（僧） 権律師 永長元・3・12、承徳元・10・3、康和元・7・11、康和

元・8・8、康和元・8・17
円勢（僧）大仏師・法橋　康和2・7・25
円禅（僧）権律師・権少僧都　寛治2・12・27、寛治7・10・3
円誉（僧）修理別当・大法師　寛治7・10・3

オ

応覚（僧）已講・大法師・権律師　永長元・3・25、永長元・3・27、承徳2・6・13、康和4・5・13

カ

懐季（藤原）治部少輔・少納言　永長元・3・25、承徳元・10・1、康和元・1・24、康和元・4・24、康和4・5・13
懐真（僧）法眼　寛治2・12・27
快尋（僧）永長元・3・27
快禅（僧）康和元・10・17
家栄（賀茂）陰陽助　康和2・7・25
覚意（僧）法眼・権少僧都　永長元・12・15、承徳2・6・13、康和2・7・25、康和3・3・29
覚隠（僧）康和元・10・17
覚円（僧）前大僧正　承徳元・10・17、承徳元・12・12、承徳元・12・14、承徳2・正・24、承徳2・5・6
覚厳（僧）永長元・3・27
覚行法親王　仁和寺宮・阿闍梨覚念・仁和寺法親王　承暦元・11・24、康和元・正・3、康和2・7・25、康和3・3・29、康和3・6・13
覚修（僧）康和2・正・15
覚俊（僧）承徳元・10・17
覚信（僧）権大僧都・法印　永長元・3・7、承徳元・10・17、承徳2・正・14、康和2・10・4
覚澄（僧）康和3・3・29
覚念→覚行法親王
覚猷（僧）法橋　寛治2・12・27、寛治4・9・21
家賢（源）左兵衛督・左衛門督　寛治2・12・14、寛治2・12・17、寛治7・正・19、寛治7・正・20、寛治7・正・25、寛治7・10・3、寛治7・10・4
家綱（藤原）前信乃守　寛治7・10・3
家国（大江）（中宮）属・（郁芳門院）主典代　寛治7・正・19、寛治7・正・25
家時（源）盛長子・蔵人　寛治7・2・10、承徳元・10・1、承徳元・10・2、承徳元・12・14、康和元・正・2、康和元・正・14
雅実（源）源大納言・権大納言・中宮大夫・（郁芳門院）別当・元大夫・別当大納言・右大将　応徳3・12・16、寛治2・3・23、寛治2・3・24、寛治2・10・21、寛治2・11・1、寛治2・11・20、寛治2・12・9、寛治2・12・14、寛治2・12・16、寛治2・12・27、寛治3・正・5、寛治5・正・6、寛治6・正・5、寛治7・正・5、寛治7・正・11、寛治7・正・19、寛治7・正・20、寛治7・正・25、寛治7・6・10、寛治7・10・3、嘉保元・6・13、永長元・3・24、承徳元・10・2、承徳元・10・10、承徳元・10・11、承徳2・正・6、康和元・正・2、康和元・正・3、康和元・正・4、康和元・正・14、康和元・正・15、康和元・正・20、康和元・2・3、康和元・2・13、康和元・2・24、康和元・3・10、康和元・4・8、康和元・4・19、康和元・8・28

家重（　）雑色　康和元・4・22

家俊（源）少納言・左衛門尉　承徳元・10・1、承徳元・10・11、承徳元・10・22、康和元・正・1、康和元・正・3、康和元・正・14、康和元・6・11、康和元・8・8

雅俊（源）蔵人頭・左近中将・頭中将・右兵衛督・（郁芳門院）別当・右衛門督　応徳3・12・16、寛治2・3・23、寛治2・3・24、寛治2・12・14、寛治7・正・19、寛治7・正・20、寛治7・正・25、寛治7・2・10、寛治7・6・10、寛治7・10・3、寛治7・10・4、永長元・3・11、永長元・3・24、永長元・3・25、永長元・12・15、承徳元・10・1、承徳元・10・2、承徳元・10・4、承徳元・10・11、承徳元・10・12、承徳元・10・13、承徳元・10・15、承徳元・10・17、康和元・正・1、康和元・正・2、康和元・正・3、康和元・正・6、康和元・正・7、康和元・正・8、康和元・正・14、康和元・正・20、康和元・正・24、康和元・4・8、康和元・8・28

雅職（源）（中宮）権少進・蔵人・左衛門尉　嘉保元・6・13、永長元・3・25、永長元・8・23、承徳元・12・14、康和元・正・22

家政（藤原）左少将・少将・左中将　永長元・3・11、永長元・3・24、承徳元・10・11、康和元・正・10、康和元・2・13

家忠（藤原）左衛門督・新大納言・藤大納言・権大納言・（郁芳門院）別当　応徳3・12・16、寛治2・3・23、寛治2・3・24、寛治2・11・1、寛治2・11・20、寛治2・12・9、寛治2・12・14、寛治2・12・16、寛治2・12・17、寛治2・12・27、寛治3・正・5、寛治5・正・6、寛治6・正・5、寛治7・正・19、寛治7・正・20、寛治7・正・25、寛治7・10・3、嘉保2・正・5、永長元・正・5、永長元・3・24、永長元・12・15、承徳元・10・4、承徳元・10・5、承徳元・10・11、承徳元・10・14、承徳元・10・15、承徳元・10・17、承徳元・10・23、承徳元・11・21、承徳元・11・29、康和元・正・1、康和元・正・2、康和元・正・3、康和元・正・4、康和元・正・10、康和元・正・14、康和元・正・15、康和元・正・24、康和元・2・13、康和元・4・7、康和元・4・9、康和元・4・22、康和元・4・24、康和元・4・25、康和元・7・21、康和元・8・3、康和元・8・8、康和2・9・4、康和2・10・4

雅仲（三善）外記・大外記　寛治元・10・22、寛治2・12・14

家長（藤原カ）尾張権守　寛治7・10・3

家定（源）右少将　承徳2・6・17、康和元・4・25

家道（藤原）　寛治6・正・5

家任娘（藤原）康和元・正・18

家保（藤原）蔭子・左衛門佐　寛治7・

正・25、康和元・正・3
家輔（藤原） 左少将 寛治2・3・23、寛治2・12・14
家明（藤原） 寛治2・12・9
雅隆（源） 寛治7・2・10
寛意（僧） 僧都 康和3・6・13
寛覚（僧） 大法師 承徳2・6・13
寛空（僧） 大僧都 永長元・3・19
寛慶（僧） 法眼 永長元・12・15、承徳元・10・17、承徳2・1・24、康和2・8・10、康和3・3・29
寛子（藤原） 太后御方・太皇太后宮・太后・大宮 寛治2・12・16、寛治7・6・10、永長元・10・17、承徳元・正・5、承徳元・10・17、承徳元・12・2、康和元・8・28、康和2・6・7
貫首→顕通（源）・宗忠（藤原）
寛助（僧） 大法師・律師・権律師 承徳2・6・13、康和2・7・25、康和3・3・29
関白→師実（藤原）
関白殿→頼通（藤原）・師通（藤原）

キ

季安（藤原） 右近将監・一院判官代・蔵人 寛治7・10・3、康和2・5・24
季遠（藤原） 滝口 康和元・2・19
義経（中原） 出納・（中宮）属・（郁芳門院）主典代 寛治元・正・18、寛治7・正・19
基兼（藤原） 康和元・正・10
季兼（ ） 木工允・土師郷司 康和元・3・1、康和元・3・27
季兼（中原） 右兵衛尉 康和元・4・22
季行（中原） 内舎人 寛治元・10・22
季綱（藤原） 寛治2・12・9
基綱（源） 右中弁・権左中弁・左馬助・右大弁・前左馬助・右大丞・頭弁・左大弁・勘解由長官 応徳3・12・16、寛治元・4・7、寛治元・12・2、寛治2・3・23、寛治2・12・14、寛治2・12・21、寛治5・正・6、寛治6・正・5、嘉保元・3・11、嘉保元・6・13、嘉保元・6・19、嘉保元・6・22、嘉保元・6・25、永長元・正・5、永長元・3・11、承徳2・5・19、康和元・正・1、康和元・正・2、康和元・正・3、康和元・正・6、康和元・正・7、康和元・正・8、康和元・正・10、康和元・正・14、康和元・正・15、康和元・正・20、康和元・正・24、康和元・4・9、康和元・4・16、康和元・4・19、康和元・4・24、康和元・8・3、康和元・8・8、康和元・8・28
義綱（源） 美乃守 承徳元・10・10
基親（惟宗） 散位 寛治7・正・25
基清（源） 故遠江前司 康和元・正・18
季仲（藤原） 蔵人頭・頭弁・左中弁・勘学院別当・参議・左大弁・藤中納言・太皇太后宮権大夫・太后権大夫・大宮権大夫 寛治2・3・23、寛治2・3・24、寛治2・10・21、寛治2・11・20、寛治2・12・14、寛治5・正・6、寛治5・3・14、寛治6・正・5、寛治7・正・5、寛治7・正・19、寛治7・正・25、寛治7・2・12、寛治7・10・3、嘉保元・3・11、嘉保元・6・13、嘉保元・12・15、嘉保2・正・5、永長元・正・5、永長元・3・11、永長元・3・12、永長元・3・25、永長元・3・28、永長元・10・29、承徳元・1・5、承徳元・10・1、承徳元・10・11、承徳元・10・12、承徳元・10・14、承徳元・10・15、承徳2・正・5、承徳2・正・6、承徳2・6・13、康和元・正・1、康和元・正・2、康和元・正・3、康和元・正・8、康和元・正・14、康和元・正・20、康和元・正・23、康和元・正・24、康和元・4・8、康和元・6・11、康和元・8・28、康和2・10・4
基忠（藤原）　宰相中将・右宰相中将・左宰相中将・左近中将・新中納言・藤中納言・左兵衛督・右衛門督　応徳3・12・16、寛治2・3・23、寛治2・3・24、寛治2・10・21、寛治2・11・1、寛治2・11・20、寛治2・12・9、寛治2・12・14、寛治2・12・16、寛治2・12・27、寛治3・正・5、寛治7・正・19、寛治7・正・20、寛治7・正・25、寛治7・10・3、寛治7・10・4、永長元・正・5、永長元・12・15、承徳元・10・17
義忠（藤原）　権左中弁　承保2・2・19
季通娘（源）　康和元・正・18
義範（大宅）　大外記　嘉保2・正・5
季房（源）　散位・（郁芳門院）別納別当　寛治7・正・25、寛治7・2・10
宮→篤子内親王
久経（　）　介・社司　康和元・2・15、康和元・2・26、康和元・3・10、康和元・3・26
宮御方→篤子内親王
久実（紀）　飛騨守・（飛騨）前司　寛治2・3・24、寛治7・正・5
九条太政大臣殿→信長（藤原）
久宗（　）　陰陽大夫　康和元・2・25
教真（僧）　大法師　康和元・7・10、康和元・8・17
匡房（大江）　左大弁・権中納言・江納言・江中納言・帥中納言　寛治元・3・7、寛治元・4・7、寛治2・10・21、寛治2・11・1、寛治2・11・20、寛治2・12・14、寛治2・12・16、寛治2・12・21、寛治3・正・5、寛治5・正・6、寛治6・正・5、寛治7・正・5、寛治7・正・19、寛治7・正・20、寛治7・正・25、寛治7・10・3、寛治7・10・4、嘉保元・6・13、嘉保元・6・19、嘉保元・6・25、嘉保元・12・4、嘉保元・12・15、嘉保2・正・5、永長元・正・5、永長元・3・4、永長元・3・11、永長元・3・25、永長元・3・28、永長元・12・17、承徳元・11・21
業房（源）　散位・前上野介　寛治2・12・9、寛治2・12・14、承徳元・10・17
基隆（藤原）　（白河院）判官代・美作守・左兵衛佐・国司（美作）　寛治7・2・10、承徳元・10・10、承徳元・10・15、康和元・2・14、康和2・9・4
近時（中臣）　番長　嘉保元・6・20
近末（下毛野）　右近将曹　永長元・3・29
近友（大中臣）　府生御随身・左将曹　寛治元・10・22、寛治2・3・23、寛治2・3・24

ク

堀河天皇　皇子・主上・尊儀・宸儀・公家・内御方　承暦3・5・29、寛治元・12・2、寛治2・3・23、寛治2・3・24、寛治2・11・1、寛治2・11・20、寛治3・正・5、寛治6・正・5、寛治6・5・20、寛治6・9・24、寛治7・2・10、嘉保元・6・13、嘉保元・6・19、永長元・3・7、永長元・3・8、永長元・3・11、永長元・3・24、永長元・10・17、承徳元・10・10、承徳元・10・11、承徳元・10・12、承徳元・10・13、承徳元・10・15、承徳元・10・23、承徳2・3・14、承徳2・5・19、承徳2・5・26、承徳2・6・27、康和元・正・1、康和元・正・3、康和元・正・24、康和元・2・6、康和元・2・8、康和元・2・18、康和元・4・8、康和元・5・6、康和元・5・9、康和元・5・12、康和元・5・28、康和元・8・28、康和3・3・12、康和3・3・29

ケ

経海（僧）　康和元・10・17

経観（僧）　大法師　承徳2・6・13、康和3・6・1

経実（藤原）　三位中将・右近中将・二位中将・右宰相中将・（中宮）権大夫・（郁芳門院）別当・新中納言・二位中納言　寛治2・3・23、寛治2・3・24、寛治2・11・1、寛治2・11・20、寛治2・12・14、寛治2・12・21、寛治2・12・27、寛治7・正・19、寛治7・正・20、寛治7・正・25、寛治7・6・10、寛治7・10・3、寛治7・10・4、永長元・3・11、永長元・3・24、永長元・3・25、永長元・12・15、承徳元・10・2、承徳元・10・11、承徳元・10・12、承徳元・10・17、承徳元・11・21、承徳2・正・6、康和元・正・1、康和元・正・2、康和元・正・3、康和元・正・4、康和元・正・8、康和元・正・10、康和元・正・14、康和元・正・15、康和元・正・20、康和元・正・22、康和元・正・24、康和元・2・13、康和元・4・7、康和元・4・8、康和元・4・9、康和元・4・24、康和2・10・4

慶俊（僧）　永長元・3・25、永長元・12・15、承徳元・10・3、承徳元・10・17、承徳2・6・18

経信（源）　民部卿・大宰権帥・帥大納言　応徳3・12・16、寛治2・3・23、寛治2・3・24、寛治2・11・1、寛治2・11・20、寛治2・12・9、寛治2・12・14、寛治2・12・17、寛治2・12・27、寛治3・正・5、寛治5・正・6、寛治6・正・5、寛治7・正・5、寛治7・正・19、嘉保元・6・13、嘉保元・12・15

経尋（僧）　康和元・10・17

経成（高階）　寛治2・12・9

経暹（僧）　大法師・法橋　寛治7・10・3、永長元・12・15、承徳元・12・14、康和2・8・10

経宗（　）　民部丞　永長元・正・5

慶増（僧）　権律師・権少僧都　寛治7・10・3、永長元・3・25、承徳2・5・

27、承徳2・6・18、承徳2・6・20、康和2・10・4、康和4・5・13
経忠（藤原） 兵部丞・右兵衛佐・図書助 寛治元・12・2、寛治2・3・23、寛治2・11・1、寛治2・12・9、寛治2・12・14、寛治7・10・3、承徳2・正・6
経仲（藤原） 寛治2・12・9
慶朝（僧） 大僧都・権大僧都・延暦寺座主・法印 寛治2・12・27、承徳元・10・2、承徳元・10・17、承徳2・5・27、承徳2・6・13、康和3・3・29、康和4・5・13
経範（僧） 少僧都・権少僧都・権大僧都・法印 寛治5・3・14、永長元・3・25、永長元・10・17、永長元・12・15、承徳元・10・17、承徳元・10・27、承徳2・正・14、承徳2・正・24、承徳2・3・24、承徳2・3・28、承徳2・6・13、承徳2・6・18、康和元・正・14、康和元・10・17、康和2・7・25、康和3・3・29、康和3・6・13、康和4・正・14
慶範（僧） 権律師 寛治4・9・21
経敏（高階） 治部少輔 寛治2・3・23、承徳元・10・17
経方（平） 散位 寛治2・12・14
慶耀（僧） 大法師 永長元・12・15
権右中弁→重資（源）
兼遠（橘） 式部・皇太后宮大進 応徳3・12・16、寛治2・12・9、嘉保元・3・11、承徳2・正・6
顕雅（源） 左少将・右近少将・（郁芳門院）別当・四位源少将 寛治2・3・23、寛治2・3・24、寛治7・正・25、寛治7・2・10、寛治7・10・3、永長元・3・24
源快（僧） 法橋 永長元・3・7、永長元・3・25、承徳元・10・2、承徳2・5・27、康和2・6・7
厳覚（僧） 法橋 承徳2・5・27、康和3・3・29
兼季（平） 左兵衛尉 寛治2・11・1
顕季（藤原） 伊与守・（郁芳門院）別当・修理大夫・国司（播磨） 寛治7・正・25、寛治7・2・10、寛治7・10・3、永長元・10・17、承徳2・6・13、康和元・正・6、康和元・2・11、康和元・2・12、康和元・2・13
兼賢（僧） 康和2・8・19
元兼（藤原） 右衛門尉 康和元・正・2
兼孝（忌部） 康和元・正・24
兼衡（藤原） 大内記 康和元・8・28
源宰相→師頼（源）・能俊（源）
源宰相中将→国信（源）
権左少弁→為房（藤原）
兼実（藤原） 右馬頭 寛治7・10・3、承徳元・10・15、承徳元・10・17、康和元・7・21
顕実（藤原） 右近衛少将・右近中将 承暦3・5・27、寛治2・11・1、寛治2・12・21、寛治7・正・25、寛治7・10・3、嘉保元・10・30、嘉保2・正・5、永長元・3・11、永長元・3・25、永長元・12・15、承徳元・10・11、承徳2・5・26、承徳2・6・13、康和2・6・2
僖子内親王 冷泉院宮 承徳2・正・5
顕重（源） 左兵衛佐 康和元・4・22

厳俊（僧）大法師　承徳元・10・30
元証（僧）康和3・3・29
兼職（　）隠岐前司　永長元・正・5
兼信（藤原カ）左馬助　康和元・4・22、康和元・4・25
兼清（　）寛治2・12・9
兼政（卜部）神祇少祐　承徳元・10・10、康和元・正・24
賢暹（僧）権律師・前律師　永長元・3・25、永長元・10・18、永長元・10・30、承徳元・10・27、承徳2・5・19、康和元・7・9、康和元・8・8、康和元・8・17、康和2・6・7
権僧正→良意（僧）
源蔵人→惟清（源）
源大納言→師忠（源）・雅実（源）
権大納言→雅実（源）・雅忠（源）・家忠（藤原）・忠実（藤原）
権大夫→能実（藤原）
元大夫→雅実（源）
顕仲（藤原）寛治元・12・2
顕仲（源）丹波守　寛治7・正・25
顕仲（　）康和元・8・17
源中納言→俊実（源）
顕通（源）侍従・（郁芳門院）侍所別当・蔵人頭・左中将・貫首・権亮・新宰相源中将・左宰相中将　寛治7・正・25、寛治7・2・10、寛治7・2・12、寛治7・10・3、承徳2・3・6、康和元・正・2、康和元・2・6、康和元・2・24、康和元・4・25、康和2・7・25、康和2・10・4
兼平（藤原）前和泉守　寛治7・10・3
権弁→重資（源）・能俊（源）
兼方（秦）府生御随身・右近府生・将曹　寛治元・10・22、寛治元・12・2、寛治7・10・3、康和元・4・24
顕房（源）右大臣　寛治2・3・23、寛治2・3・24、寛治2・10・21、寛治2・11・20、寛治3・正・5、寛治7・正・19、寛治7・正・20、寛治7・正・21、寛治7・正・25、寛治7・2・10、寛治7・10・3、嘉保元・6・14
顕隆（藤原）左近大夫将監・若狭守・右衛門権佐・右少弁　寛治2・3・23、永長元・3・4、承徳元・10・15、康和元・正・14、康和元・正・15
権亮→国信（源）・顕通（源）

コ

公伊（僧）已講・権律師　永長元・3・25、承徳2・正・14、康和元・11・29
行意（僧）康和元・10・17
行遠（源）内舎人　寛治元・10・22
公円（僧）権律師・律師　永長元・3・25、永長元・10・17、永長元・12・15、承徳2・3・24、承徳2・5・19、承徳2・6・13、承徳2・6・18、承徳2・6・20、康和元・11・29、康和2・7・25、康和3・3・29
公家→堀河天皇
高家（　）散位　嘉保元・3・11
行家（藤原）讃岐守　承徳元・10・11、承徳元・10・24、承徳元・11・21、嘉保元・3・11、康和元・7・21
公観（僧）大法師　承徳2・6・13
光季（狛）左近将監　承徳元・10・17
行季（　）兵衛大夫　康和元・2・10
孝業（　）寛治2・12・9

公経（藤原）主殿頭　寛治7・正・25
行賢（僧）権律師　康和3・2・21、康和3・3・21
孝言（惟宗）家司・掃部頭　寛治2・12・9、寛治2・12・25、嘉保元・3・11
好古（橘）中納言・大宰帥　嘉保元・6・13
行綱（藤原）散位・若狭守・御廐別当　寛治2・3・23、寛治2・12・9、寛治2・12・14、嘉保元・3・11
広綱（源）中務少輔　寛治2・11・1
公衡（藤原）少納言・前少納言　寛治元・10・22、寛治2・3・23、寛治2・11・20、寛治2・12・14、寛治7・10・3
行高（下毛野）康和元・4・24
皇后宮権大夫→公実（藤原）
光国（源）大夫尉　康和元・1・22
皇子→善仁親王（堀河天皇）
公実（藤原）皇后宮権大夫・右衛門督・左衛門督・新大納言・藤大納言　応徳3・12・16、寛治2・3・23、寛治2・3・24、寛治2・11・1、寛治2・12・9、寛治2・12・14、寛治2・12・16、寛治2・12・21、寛治3・正・5、寛治5・正・6、寛治7・正・5、寛治7・正・19、寛治7・正・20、寛治7・正・25、寛治7・6・10、寛治7・10・4、嘉保元・12・15、嘉保2・正・5、永長元・正・5、永長元・3・11、承徳元・10・1、承徳元・10・2、承徳元・10・11、承徳元・10・12、承徳元・10・13、承徳元・10・15、承徳元・10・17、承徳元・11・21、承徳2・1・6、承徳2・6・13、康和元・正・2、康和元・正・3、康和元・正・8、康和元・正・14、康和元・正・15、康和元・正・20、康和元・正・24、康和元・2・3、康和元・2・4、康和元・8・28、康和2・9・4、康和2・10・4、康和4・5・13
高実（源）前越前守　寛治2・3・23、寛治2・12・9
行実（藤原）前伯耆守　寛治2・12・9、寛治2・12・14、寛治4・9・21、寛治5・正・6
行実（源）中宮権大進・（郁芳門院）判官代・散位　寛治7・正・19、寛治7・正・25
公種（秦）番長　康和元・4・24
広重（津守）康和元・4・22
公俊（高階）美乃守　寛治2・12・21、寛治7・正・19、寛治7・10・3
広俊（中原）内記　康和元・正・14
行勝（僧）大法師・権律師　寛治6・2・3、承徳2・6・13、康和元・5・28、康和元・11・29、康和3・3・29
広親（伴）左少史・左大史・史　嘉保元・6・19、承徳2・正・6、康和元・4・19、康和元・8・28
行信（源）民部大輔　永長元・3・25、康和元・6・29
行政（僧）権律師　永長元・3・25、永長元・10・29、承徳2・5・27、承徳2・6・18、承徳2・6・20
孝清（藤原）散位・周防守　寛治元・12・2、寛治2・3・23、寛治2・12・14、嘉保元・3・11、康和元・4・22
行宗（源）右兵衛佐　寛治2・3・23、

寛治7・10・3
高倉宮→祐子内親王
高倉殿→祐子内親王
高倉殿北政所→隆姫女王
行尊（僧） 大法師 承徳2・6・13
皇太后宮権大夫→公定（藤原）
厚中（ ） 少内記 応徳3・12・16
行仲（ ） 内蔵助 康和元・4・25、康和元・8・3
公定（藤原） 新宰相・大哥別当・皇太后宮権大夫 応徳3・12・16、寛治2・11・20、寛治2・12・9、寛治2・12・14、寛治2・12・16、寛治5・正・6、寛治6・正・5、寛治7・正・5、寛治7・正・19、寛治7・正・20、寛治7・正・25、寛治7・10・3、寛治7・10・4、永長元・3・11、永長元・3・25
広定（藤原） 寛治2・12・9、永長元・3・25
広貞（伴） 家令・主計助 寛治2・12・9、寛治2・12・14
江納言→匡房（大江）
公範（僧） 大僧都 承暦3・5・27
孝範（ ） 寛治2・12・9
故右府→俊家（藤原）
光平（賀茂） 大炊頭 寛治7・2・10、承徳元・10・10、康和元・1・15、康和元・2・9、康和2・10・4
康輔（平） 左衛門尉 康和元・正・2
公房（藤原） 左京大夫 応徳3・12・16、寛治2・10・21、寛治2・12・9、寛治2・12・14、寛治2・12・27
行房（藤原） 前美濃守 寛治2・12・9、寛治2・12・14、寛治7・正・19
公明（藤原） （式部）丞 承徳2・正・6
公利（秦） 府生 康和元・4・24
行利（秦） 府生 康和元・4・24
国季（藤原） 左少史 寛治2・12・14
国基（ ） 住吉社司 永長元・3・10
国司（播磨国）→顕季（藤原）
国司（美作国）→基隆（藤原）
国俊（藤原） 掃部助 寛治2・3・23
国信（源） 左少将・左近中将・頭中将・蔵人頭・権亮・新宰相中将・宰相源中将・源宰相中将・宰相 寛治2・3・23、寛治6・正・5、寛治7・正・25、寛治7・10・3、嘉保元・6・13、嘉保元・6・22、永長元・正・5、永長元・3・11、永長元・3・24、承徳元・10・11、承徳元・10・13、承徳元・10・14、承徳元・10・15、承徳元・10・17、康和元・正・1、康和元・正・2、康和元・正・3、康和元・正・7、康和元・正・14、康和元・正・20、康和元・4・8、康和元・4・19、康和元・4・22、康和元・4・24、康和元・4・25
国随（安倍） 陰陽師 寛治2・10・21
国盛（ ） 雑色 康和元・4・22
国忠（藤原） 左少史 寛治2・12・14
国忠（ ） 八上郡司 康和元・3・25
国貞（中原） 左少史 康和元・正・14
国任（紀） 左衛門志 永長元・3・7
国任（惟宗） 明法博士・左衛門志 永長元・3・14、承徳元・正・5
国房（源） 常陸守 康和元・4・22
国明（藤原） 備前守・伊与守 嘉保2・正・5、康和4・5・26
御堂→道長（藤原）
後冷泉院 永長元・3・11、永長元・3・24

サ

斎院→令子内親王
在業（　）　式部大輔　寛治2・11・20
宰相源中将→国信（源）
宰相中将→基忠（藤原）
済尋（僧）　権別当・権少僧都　寛治2・12・27
在良（菅原）　大内記・式部少輔・文章博士　寛治元・4・7、寛治元・10・22、寛治2・11・20、嘉保元・12・15、康和元・8・28
左衛門督→家忠（藤原）・家賢（源）・公実（藤原）
左京大夫→公房（藤原）
左宰相中将→保実（藤原）・基忠（藤原）・顕通（源）
佐実（藤原）　修理亮・蔵人　寛治2・3・23、承徳元・10・4、承徳元・10・15、承徳元・10・27、承徳2・正・6、康和元・正・6、康和元・正・20
座主→仁覚（僧）
左大将殿→忠実（藤原）
左大臣→俊房（源）
左大弁→匡房（大江）・季仲（藤原）・基綱（源）
左中弁→重資（源）
左兵衛督→家賢（源）・俊実（源）・基忠（藤原）・能実（藤原）
左府→俊房（源）
三位侍従→能実（藤原）
三位中将→経実（藤原）
参河権守→宗佐（藤原）

シ

四位源少将→顕雅（源）
師季（藤原）　刑部大輔　寛治7・10・3
式部卿→敦実親王
式賢（宮道）　左尉・検非違使・検非違使左衛門尉　承徳元・10・25、康和元・正・10、康和元・4・24
時兼（　）　康和元・2・9
師時（源）　左兵衛佐・右兵衛佐・少将・右近少将・五位蔵人　寛治7・10・3、永長元・3・11、永長元・3・24、承徳元・10・11、承徳元・10・15、承徳2・正・6、承徳2・5・26、康和元・正・14
師実（藤原）　殿下・摂政殿・殿・関白・太政大臣・大殿・太閤・宇治禅閤・宇治殿・禅閤　承保3・2・18、承暦3・2・19、応徳3・12・16、寛治元・正・18、寛治元・4・7、寛治元・10・22、寛治元・12・2、寛治2・3・23、寛治2・3・24、寛治2・10・21、寛治2・11・1、寛治2・12・9、寛治2・12・14、寛治2・12・16、寛治2・12・17、寛治2・12・21、寛治2・12・27、寛治2・12・28、寛治4・9・21、寛治4・9・30、寛治6・正・5、寛治7・正・5、寛治7・正・19、寛治7・正・25、寛治7・2・10、寛治7・2・12、寛治7・6・10、寛治7・10・3、嘉保元・3・11、嘉保元・6・13、嘉保元・6・14、嘉保元・6・19、嘉保元・6・21、嘉保元・6・22、嘉保元・12・4、嘉保元・12・15、永長元・正・5、永長元・3・1、永長元・3・2、永長元・3・3、永長元・3・7、永長元・3・9、永長元・3・10、永長

元・3・11、永長元・3・12、永長元・3・14、永長元・3・15、永長元・3・16、永長元・3・18、永長元・3・19、永長元・3・24、永長元・3・25、永長元・3・26、永長元・3・29、永長元・12・17、承徳元・正・5、承徳元・10・1、承徳元・10・2、承徳元・10・4、承徳元・10・8、承徳元・10・10、承徳元・10・11、承徳元・10・14、承徳元・10・15、承徳元・10・17、承徳元・10・24、承徳元・10・25、承徳元・10・27、承徳元・10・28、承徳元・10・29、承徳元・10・30、承徳元・11・21、承徳元・11・30、承徳元・12・12、承徳2・正・5、承徳2・正・6、承徳2・6・13、承徳2・6・14、承徳2・6・16、承徳2・6・17、承徳2・6・18、承徳2・6・19、承徳2・6・25、康和元・正・1、康和元・正・2、康和元・正・3、康和元・正・4、康和元・正・6、康和元・正・7、康和元・正・8、康和元・正・10、康和元・正・11、康和元・正・12、康和元・正・13、康和元・正・14、康和元・正・15、康和元・正・17、康和元・正・19、康和元・正・20、康和元・正・21、康和元・正・22、康和元・正・23、康和元・正・26、康和元・正・27、康和元・正・28、康和元・正・29、康和元・正・30、康和元・2・1、康和元・2・2、康和元・2・3、康和元・2・4、康和元・2・5、康和元・2・6、康和元・2・7、康和元・2・8、康和元・2・13、康和元・2・20、康和元・4・3、康和元・4・5、康和元・4・6、康和元・4・7、康和元・4・8、康和元・4・9、康和元・4・10、康和元・4・12、康和元・4・13、康和元・4・15、康和元・4・19、康和元・4・20、康和元・4・21、康和元・4・22、康和元・4・23、康和元・4・24、康和元・4・25、康和元・4・26、康和元・4・28、康和元・6・3、康和元・6・6、康和元・6・8、康和元・6・9、康和元・6・11、康和元・6・12、康和元・6・13、康和元・6・14、康和元・6・16、康和元・6・17、康和元・6・18、康和元・6・19、康和元・6・20、康和元・7・21、康和元・8・8、康和元・8・16、康和元・8・28、康和2・5・4、康和2・6・7、康和2・6・28、康和2・10・4、康和3・2・13、康和3・3・17、康和3・3・21

時重（中原）権少外記　寛治2・12・14

資俊（藤原）前下総守　康和元・8・3

師信（藤原）内蔵頭・（郁芳門院）別当・播磨守　寛治7・正・25、寛治7・2・10、寛治7・10・3

時真（豊原）右少史・右大史　嘉保元・6・22、嘉保元・6・25、承徳元・10・3、承徳元・10・30、承徳2・正・6

師忠（源）源大納言・中宮大夫・（郁芳門院）別当　応徳3・12・16、寛治2・3・23、寛治2・3・24、寛治2・11・20、寛治2・12・9、寛治2・12・14、寛治2・12・16、寛治3・正・5、寛治6・正・5、寛治7・正・5、寛治7・正・19、寛治7・正・20、寛治7・正・25、寛治7・6・10、寛治7・10・

3、寛治7・10・4、嘉保元・6・22、永長元・正・5、永長元・3・7、永長元・3・11、永長元・3・12、永長元・3・24、永長元・3・25、永長元・3・28、永長元・3・29、永長元・10・29、承徳元・正・5、承徳元・10・2、承徳元・10・10、承徳元・10・11、承徳元・10・12、承徳元・10・13、承徳元・10・14、承徳元・10・15、承徳元・10・17、承徳元・10・21、承徳元・10・22、承徳元・10・23、承徳元・10・29、承徳元・11・21、承徳2・正・5、承徳2・正・6、承徳2・6・13、康和元・正・1、康和元・正・2、康和元・正・3、康和元・正・4、康和元・正・6、康和元・正・7、康和元・正・8、康和元・正・14、康和元・正・15、康和元・正・20、康和元・正・21、康和元・正・24、康和元・2・13、康和元・3・10、康和元・4・24、康和元・8・3、康和元・8・8、康和元・8・28

資忠（多） 右近将監　承徳元・10・17

師通（藤原） 内大臣殿・内大臣・内府・内相府・殿・関白殿・殿下・博陸殿下・故殿　応徳3・8・5、応徳3・12・16、寛治元・4・7、寛治元・10・22、寛治2・3・23、寛治2・3・24、寛治2・10・21、寛治2・11・1、寛治2・11・20、寛治2・12・9、寛治2・12・14、寛治2・12・16、寛治2・12・17、寛治2・12・25、寛治2・12・27、寛治3・正・5、寛治5・正・6、寛治6・正・5、寛治7・正・5、寛治7・正・19、寛治7・正・20、寛治7・正・21、寛治7・正・25、寛治7・2・10、寛治7・2・12、寛治7・6・10、寛治7・10・3、嘉保元・6・13、嘉保元・6・14、嘉保元・6・16、嘉保元・6・19、嘉保元・6・20、嘉保元・6・21、嘉保元・6・22、嘉保元・6・24、嘉保元・6・25、嘉保元・12・4、嘉保元・12・15、嘉保2・正・5、永長元・正・5、永長元・3・1、永長元・3・2、永長元・3・3、永長元・3・5、永長元・3・6、永長元・3・7、永長元・3・9、永長元・3・10、永長元・3・11、永長元・3・12、永長元・3・14、永長元・3・15、永長元・3・16、永長元・3・17、永長元・3・18、永長元・3・19、永長元・3・20、永長元・3・21、永長元・3・22、永長元・3・23、永長元・3・24、永長元・3・25、永長元・3・26、永長元・3・27、永長元・3・29、永長元・12・15、永長元・12・17、承徳元・正・5、承徳元・10・2、承徳元・10・3、承徳元・10・4、承徳元・10・5、承徳元・10・6、承徳元・10・7、承徳元・10・9、承徳元・10・10、承徳元・10・11、承徳元・10・13、承徳元・10・14、承徳元・10・15、承徳元・10・17、承徳元・10・18、承徳元・10・19、承徳元・10・20、承徳元・10・21、承徳元・10・22、承徳元・10・23、承徳元・10・26、承徳元・10・27、承徳元・10・28、承徳元・10・29、承徳元・10・30、承徳元・11・21、承徳2・正・5、承徳2・正・6、承徳2・正・24、承徳2・5・6、承徳2・6・13、承徳2・

6・14、承徳2・6・17、承徳2・6・18、承徳2・6・19、康和元・正・1、康和元・正・2、康和元・正・3、康和元・正・5、康和元・正・6、康和元・正・7、康和元・正・8、康和元・正・9、康和元・正・10、康和元・正・12、康和元・正・13、康和元・正・14、康和元・正・15、康和元・正・17、康和元・正・19、康和元・正・20、康和元・正・21、康和元・正・22、康和元・正・23、康和元・正・24、康和元・正・26、康和元・正・28、康和元・正・30、康和元・2・1、康和元・2・2、康和元・2・3、康和元・2・4、康和元・2・5、康和元・2・6、康和元・2・7、康和元・2・8、康和元・3・15、康和元・4・3、康和元・4・5、康和元・4・6、康和元・4・7、康和元・4・8、康和元・4・9、康和元・4・10、康和元・4・11、康和元・4・14、康和元・4・15、康和元・4・19、康和元・4・20、康和元・4・21、康和元・4・22、康和元・4・23、康和元・4・24、康和元・4・26、康和元・6・3、康和元・6・6、康和元・6・8、康和元・6・10、康和元・6・13、康和元・6・16、康和元・6・17、康和元・6・18、康和元・6・21、康和元・6・23、康和元・6・25、康和元・6・28、康和元・6・29、康和元・6・30、康和2・6・7、康和2・6・28

実遠（平）滝口　康和元・2・19

実覚（僧）法眼　永長元・3・12、承徳元・10・17、康和元・8・8、康和元・8・17、康和2・6・7

実季（藤原）右衛門督・左衛門督・按察大納言・按察使　承暦元・11・24、承暦3・5・29、寛治元・10・22、寛治2・3・24、寛治2・10・21、寛治2・11・1、寛治2・12・14、寛治2・12・16

実慶（僧）　康和2・8・19

実光（藤原）左衛門尉・蔵人　康和元・正・22

実俊（藤原）　寛治2・3・23

実助（僧）　永長元・3・27

実政（藤原）右大弁　承暦元・11・17

実宗（藤原）（肥後）前司・兵部大輔　寛治7・正・5、寛治7・10・3

実房（源）蔵人・少進・中宮少進　応徳3・12・16、寛治2・3・23・承徳元・10・24、康和元・正・2

実明（源）少納言　承徳元・10・11、承徳元・10・17、承徳元・10・22、康和元・正・7、康和元・正・14、康和元・正・15

実隆（藤原）侍従　寛治7・正・25、永長元・3・24

時貞（豊原）右少史　嘉保元・6・13

資範（平）右馬允　康和元・4・22、康和元・4・25

治部卿→伊房（藤原）・俊明（源）・通俊（藤原）

師平（中原）大外記　寛治2・12・9、寛治2・12・14、寛治2・12・21

重季（下毛野）右将曹　寛治2・3・23

重資（源）右少弁・左少弁・権右中弁・摂津守・権弁・左中弁　応徳3・12・

16、寛治2・12・14、寛治5・正・6、寛治7・正・5、寛治7・正・25、寛治7・10・3、嘉保元・6・13、嘉保元・6・18、嘉保元・6・22、嘉保元・6・25、永長元・3・25、永長元・3・28、永長元・12・15、承徳元・10・22、承徳元・10・30、康和元・2・27、康和元・4・19、康和元・8・28

重俊（中原）右大史　寛治2・12・14

重仲（高階）蔵人・若狭掾・散位　応徳3・12・16、寛治2・3・23、寛治2・12・9

重房（平）右衛門尉　寛治2・11・1

主上→白河天皇・堀河天皇

俊家（藤原）故右府　寛治2・3・23

俊覚（僧）律師　寛治5・3・14

俊観（僧）法橋・権律師　永長元・3・25、永長元・10・17、永長元・12・15、承徳2・5・27、承徳2・6・13

俊基（橘）氏院別当・弾正忠　寛治2・12・21

俊兼（源）中宮少進・（郁芳門院）判官代・散位　寛治7・正・19、寛治7・正・25

俊綱（橘）修理大夫　寛治7・正・25

俊実（源）別当・右兵衛督・左兵衛督・（郁芳門院）別当・右衛門督・源中納言　応徳3・12・16、寛治元・10・22、寛治2・12・14、寛治2・12・16、寛治2・12・21、寛治3・正・5、寛治5・正・6、寛治6・正・5、寛治7・正・19、寛治7・正・20、寛治7・正・21、寛治7・正・25、寛治7・2・10、寛治7・10・3、嘉保元・6・22、永長元・3・7、承徳元・10・11、承徳元・10・13、承徳元・10・17、承徳2・正・6、康和元・8・28

俊子内親王　前斎宮　康和元・正・26

俊信（藤原）大内記・右少弁・右衛門権佐　承徳元・10・4、承徳元・10・23、康和元・2・29、康和元・4・22

俊清（橘）前肥前守　嘉保元・3・11

俊忠（藤原）左近衛少将・右少将　寛治2・3・23、寛治2・11・1、寛治2・12・14、寛治7・正・25、寛治7・10・3、永長元・3・11、永長元・3・24

俊忠（清原）右少史・左少史　永長元・3・12、永長元・3・25、承徳元・10・17

淳中（菅原）式部丞　寛治元・10・22

俊房（源）左大臣　寛治元・10・22、寛治2・3・23、寛治2・3・24、寛治2・10・21、寛治2・11・1、寛治2・11・20、寛治2・12・2、寛治2・12・7、寛治2・12・9、寛治2・12・14、寛治2・12・16、寛治2・12・25、寛治2・12・28、寛治6・正・5、寛治7・正・19、寛治7・正・20、寛治7・正・21、寛治7・正・25、寛治7・10・3、嘉保元・6・14、嘉保元・6・19、嘉保元・6・22、嘉保元・12・4、嘉保元・12・15、嘉保2・正・5、永長元・正・5、永長元・3・25、永長元・12・15、承徳元・正・5、承徳元・10・17、承徳元・10・24、承徳元・10・29、承徳元・11・21、承徳2・正・6、康和元・正・1、康和元・正・2、康和元・正・3、康和元・正・6、康和元・正・18、康和元・正・20、康和元・正・21、康和元・正・22、康和元・正・24、康和元・2・1、康和元・2・5、康

和元・2・18、康和元・8・28、康和元・12・5

俊明（源） 右衛門督・治部卿・（郁芳門院）別当・民部卿　応徳3・12・16、寛治元・10・22、寛治2・3・23、寛治2・3・24、寛治2・10・21、寛治2・11・1、寛治2・11・20、寛治2・12・9、寛治2・12・14、寛治2・12・16、寛治2・12・21、寛治2・12・27、寛治3・正・5、寛治5・正・5、寛治6・正・5、寛治7・正・5、寛治7・正・19、寛治7・正・20、寛治7・正・25、寛治7・2・10、寛治7・6・10、寛治7・10・3、嘉保元・6・13、嘉保元・6・25、嘉保元・12・15、永長元・3・25、永長元・10・17、永長元・12・15、承徳元・正・5、承徳元・正・6、承徳元・10・1、承徳元・10・2、承徳元・10・3、承徳元・10・4、承徳元・10・11、承徳元・10・13、承徳元・10・15、承徳元・10・17、承徳元・10・22、承徳元・10・23、承徳元・10・30、承徳元・11・21、承徳2・正・5、承徳2・正・6、承徳2・6・13、康和元・正・1、康和元・正・3、康和元・正・7、康和元・正・14、康和元・正・24、康和元・4・19、康和元・6・9、康和元・8・28、康和2・5・29、康和2・7・25、康和2・9・4、康和2・10・4、康和3・6・13

俊頼（源） 右兵衛佐　承保3・12・19、寛治元・12・2、寛治2・3・23、康和元・正・10

女院→媞子内親王

勝覚（僧） 律師・権律師・法眼　寛治5・3・14、永長元・3・25、永長元・10・17、承徳2・6・13

証観（僧） 権律師・権少僧都　承徳元・10・3、承徳元・10・17、承徳2・5・27、承徳2・6・13、承徳2・6・18、承徳2・6・20、康和元・11・29、康和3・3・29

上皇→白河天皇

彰子（藤原） 上東門院　寛治7・正・19、寛治7・2・10

少主殿　主殿司　寛治7・正・25

少将殿→忠実（藤原）

章定（橘） 兵部丞・散位　寛治元・12・2、寛治2・3・23、寛治2・12・14、寛治7・10・3

常貞（　）　康和元・3・18

上東門院→彰子（藤原）

常方（　）　康和元・3・18

助久（秦） 番長　康和元・4・24

助貞（　） 介　康和元・3・16

女御→苡子（藤原）

師頼（源） 備中介・右中弁・左中弁・蔵人頭左中弁・頭弁・蔵人頭・源宰相・右兵衛督　寛治2・12・14、寛治5・正・6、寛治6・正・5、寛治7・正・5、寛治7・正・25、嘉保元・6・13、嘉保元・6・22、嘉保元・12・16、嘉保2・正・5、永長元・正・5、永長元・3・3、永長元・3・11、永長元・3・25、永長元・3・27、永長元・3・28、承徳元・1・5、承徳元・10・1、承徳元・10・2、承徳元・10・10、承徳元・10・11、承徳元・10・12、承徳元・10・13、承徳元・10・23、承徳2・

正・6、承徳2・6・13、康和元・正・1、康和元・正・2、康和元・正・3、康和元・正・20、康和元・正・24、康和2・10・4
師隆（源）　中宮権亮・（郁芳門院）別当・散位・讃岐介・左馬頭　寛治7・正・19、寛治7・正・25、寛治7・2・10、寛治7・10・3、承徳元・10・17、康和元・2・13、康和元・8・3
新院→媞子内親王
真遠（　）　野見郷司　康和元・3・26
仁覚（僧）　天台座主・大僧正　寛治7・10・3、嘉保2・正・10、永長元・2・24、永長元・3・12、永長元・3・19、永長元・9・23、永長元・10・17、永長元・12・15、承徳元・10・17、承徳2・5・19、承徳2・6・13、承徳2・6・16、承徳2・6・18、承徳2・6・20、康和元・正・18、康和元・正・30、康和元・6・28、康和元・閏9・16、康和2・正・18、康和2・4・30、康和2・5・24、康和2・8・10、康和2・8・19
宸儀→堀河天皇
親業（藤原）　造酒正　寛治2・11・20
仁恵（僧）　法橋　康和2・6・7、康和3・2・21、康和3・3・21
尋顕（僧）　康和元・10・17
仁源（僧）　法印・権別当　寛治5・3・14、寛治7・10・3、永長元・10・17、康和2・8・19
仁豪（僧）　律師・権律師・権少僧都　寛治4・9・30、永長元・3・25、承徳元・10・17、承徳元・12・14、承徳2・正・24、承徳2・3・24、承徳2・6・13、康和2・7・25
新宰相→公定（藤原）
新宰相源中将→顕通（源）
新宰相中将→保実（藤原）・仲実（藤原）・宗通（藤原）・国信（源）・忠教（藤原）
信子（藤原）　北政所・本家北政所　承徳元・10・11、承徳元・10・17、康和元・7・21、康和元・8・16、康和2・6・7、康和2・6・28
親実（藤原）　右衛門尉　康和元・8・3
信俊（清原）　権少外記、大外記　承徳元・10・17、康和元・4・24
信助（　）　追捕使　康和元・3・28、康和元・3・29
親信（平）　康和元・6・12
尋仁（僧）　法橋　康和2・8・19、康和3・6・3
親宗（安倍）　右少史　寛治2・12・14
新蔵人→為隆（藤原）・永雅（藤原）
進蔵人→惟兼（源）
新大納言→家忠（藤原）・公実（藤原）
親定（大中臣）　祭主　康和元・2・4
親定（藤原）　右衛門尉　康和元・4・22
親貞（　）　康和元・3・18
信忠（藤原）　式部丞　承徳元・正・5
信忠（源）　左権頭　康和元・4・25
新中納言→基忠（藤原）・通俊（藤原）・経実（藤原）・宗通（藤原）
信長（藤原）　内大臣・九条太政大臣殿　承暦元・11・17、康和元・8・3
信濃権守　康和元・2・9
信頼（　）　散位　康和元・正・2
仁和寺宮→覚行法親王
仁和寺法親王→覚行法親王

ス

帥大納言→経信（源）
帥中納言→匡房（大江）

セ

静意（僧）法眼　承徳元・10・17、康和元・正・15、康和2・8・19
成尹（　）右馬允　嘉保元・6・20
盛家（源）蔵人・左衛門尉　永長元・3・19、永長元・3・28、永長元・9・23、承徳元・10・11
清家（藤原）太皇太后宮大進　寛治2・12・9、寛治2・12・14、嘉保元・3・11、康和元・正・18
正家（藤原）式部大輔　承徳元・10・29、承徳元・11・21、康和元・8・28、康和2・5・24
盛雅（源）散位　承徳元・10・17
成季（藤原）文章博士　寛治元・3・7、寛治元・4・7、嘉保元・12・4、嘉保元・12・15、承徳元・10・29、承徳元・11・21、康和元・8・28
正季（藤原）中務丞　承徳元・11・30
盛業（高階）左衛門尉・検非違使　寛治2・3・23、承徳元・10・25、康和元・4・24
正景（藤原）中務丞　寛治元・10・22
清経（　）少監物　康和元・2・12
静慶（僧）康和元・7・9
盛兼（平）兵庫助　康和元・4・9
盛言（紀）左少史　康和元・正・15、康和元・4・9
成綱（源）左兵衛尉　寛治元・12・2、寛治2・3・23、寛治2・12・14、寛治7・10・3
政行（菅野）右少史　寛治2・12・14
静算（僧）永長元・3・25、永長元・12・15
成実（藤原）蔵人・左衛門尉　寛治5・正・6
清実（源）越前守・太皇太后宮大進　寛治2・3・23、寛治2・12・9、寛治2・12・14、嘉保元・3・11、承徳元・10・17
盛実（藤原）散位・前甲斐守　寛治7・正・25、承徳元・10・11、承徳元・10・17、康和元・正・2
成俊（中原）左大史　永長元・3・12、永長元・3・28、永長元・3・29
成信（　）散位　寛治7・10・3
静信（僧）大法師・阿闍梨　永長元・10・17、承徳元・10・24、康和元・1・30、康和元・7・9
盛親（惟宗）山城介　康和元・4・9、康和元・4・25
盛親（安倍）康和元・6・21
静仁（僧）法橋　永長元・12・15
成清（　）王大夫　康和元・正・14
済暹（僧）大法師　承徳2・6・13
静禅（僧）永長元・3・27
成宗（源）刑部少輔・少納言・蔵人　寛治2・3・23、寛治2・11・1、寛治2・12・14、寛治7・正・19、寛治7・正・20、寛治7・正・21、永長元・3・7、永長元・3・11、永長元・3・13、承徳元・正・5
静尊（僧）永長元・12・15
斉尊（僧）権律師　康和元・5・28、康和3・3・21

盛仲（小槻）左大史　寛治2・12・14
盛忠（小槻）左少史　嘉保元・6・25
盛長（源）甲斐権守・散位・左衛門佐
　寛治2・3・23、寛治2・12・9、寛
　治7・2・10、嘉保元・3・11、承徳
　元・10・17、康和元・正・2
政長（源）刑部卿　寛治2・12・14
清長（源）別当・前美作守　寛治7・
　10・3
盛長子→家時（源）
成貞（和気）康和元・6・21
清任（紀）左近将曹　永長元・3・14
成平（賀茂）陰陽助・陰陽頭　寛治2・12・
　9、承徳元・10・10、承徳元・10・14
盛輔（藤原）蔭孫・蔵人　寛治7・正・
　25、承徳元・正・5、承徳元・10・14、
　承徳元・12・14
盛房（藤原）蔵人　応徳3・12・16
政茂（　）品治郷司　康和元・3・9
成友（　）散位　康和元・正・2
静耀（僧）永長元・3・27
説家（橘）式部丞・大監物　寛治2・
　11・20、承徳元・10・15
摂政殿→師実（藤原）
摂政殿下→師実（藤原）
摂津守　康和元・2・10
説長（藤原）肥後権守　嘉保元・3・
　11、康和元・正・2
禅円（僧）康和3・6・1
宣基（津守）寛治2・12・9
暹救（僧）康和元・閏9・16
先考→定家（平）
禅閤→師実（藤原）
前斎宮→媞子内親王・俊子内親王
詮子（藤原）東三条院　寛治7・正・19
前少将　康和元・2・9
禅仁（僧）康和元・7・9
善仁親王→堀河天皇
前大僧正→覚円（僧）
前大弐→長房（藤原）
千鳥　主殿司　寛治7・正・25
前兵衛佐→長忠（藤原）

ソ

相覚（僧）法眼　承徳2・5・27
宗季（橘）散位　寛治2・3・23、寛治
　7・10・3
宗季（藤原）前石見守　承徳元・10・17
増賢（僧）康和3・3・29
相公→親信（平）
宗国（藤原）嘉保元・3・11
宗佐（藤原）蔵人・玄蕃助・参河権守
　嘉保元・12・15、承徳元・10・17、康
　和元・2・9
宗俊（藤原）按察大納言　永長元・3・12
宗俊（　）少納言　承徳元・10・13
宗信（藤原）康和元・正・10
蔵人少納言→成宗（源）
蔵人兵部大輔→通輔（藤原）
宗政（中原）少外記　寛治2・11・1、
　寛治2・12・14、寛治2・12・25
宗忠（藤原）侍従・右中弁・頭弁・貫首・
　蔵人頭・右大弁　寛治元・12・2、
　寛治2・12・14、寛治7・正・25、寛
　治7・10・3、嘉保元・6・13、嘉保
　元・6・22、嘉保元・6・25、嘉保元・
　10・30、永長元・3・11、永長元・3・
　13、康和元・正・1、康和元・正・2、
　康和元・正・3、康和元・正・7、康

和元・正・14、康和元・正・15、康和元・正・18、康和元・4・9、康和元・8・28、康和2・7・25
宗仲（藤原）　蔵人・式部丞　永長元・正・5、永長元・3・7、永長元・3・11、承徳元・10・11
相忠（文室）　史　承徳元・10・22
増珍（僧）　已講　永長元・3・25、承徳元・11・30、康和元・正・16
宗通（藤原）　右少将・左近中将・（郁芳門院）別当・参議・新宰相中将・新中納言　寛治元・12・2、寛治2・3・23、寛治2・12・14、寛治7・正・25、寛治7・2・10、嘉保元・6・13、永長元・正・5、永長元・3・11、永長元・3・24、永長元・3・25、承徳元・10・11、承徳元・10・12、承徳元・10・13、承徳2・正・6、康和元・正・1、康和元・正・3、康和元・3・14
宗貞（播磨）　康和元・4・24
相模守→以綱（橘）
宗輔（藤原）　右近少将・蔵人・右少将　寛治7・10・3、永長元・3・11、永長元・3・24、永長元・3・25、康和元・2・24
増誉（僧）　権僧正・僧正　承徳元・10・17、康和元・2・24、康和3・3・29、康和4・5・13
則兼（大江）　寛治2・12・9
尊儀→堀河天皇

タ

大哥別当→公定（藤原）
大宮→寛子（藤原）
大宮権→季仲（藤原）
大宮権大夫→季仲（藤原）
大玄　主殿司　寛治7・正・25
醍醐天皇　延喜聖主　寛治2・10・21
醍醐法印→定賢（僧）
太后→寛子
太閤→師実（藤原）
大后権大夫→季仲（藤原）
太后御方→寛子（藤原）
太皇太后→寛子（藤原）
太皇太后宮→寛子（藤原）
太皇太后宮権大夫→季仲（藤原）
太宰帥→経信（源）
太宰大弐→長房（藤原）
太上皇→白河天皇
太政大臣→忠平（藤原）・師実（藤原）
太上天皇→白河天皇
大将殿→忠実（藤原）
大蔵卿→長房（藤原）・道良（源）
大僧正→仁覚（僧）
泰仲（高階）　讃岐守・伊予守　寛治2・3・23、寛治2・12・9、嘉保元・3・11、康和元・8・28
泰長（安倍）　陰陽博士・雅楽頭　康和元・正・15、康和元・正・28、康和元・4・24、康和2・10・4、康和3・6・13
大殿→師実（藤原）
大殿北政所→麗子（源）
大夫史→祐俊（小槻）
丹後守→為家（高階）

チ

知家（藤原）　蔵人・少納言・散位　承暦3・5・27、寛治2・11・1、寛治2・12・14、承徳元・10・17

知綱（藤原）太皇太后宮大進・右衛門権佐　寛治2・12・9、寛治2・12・14、嘉保元・3・11
知実（藤原）兵部丞　寛治2・11・20、承徳2・正・6
知信（藤原）左兵衛尉　寛治7・正・25
智尊（僧）已講・大法師・権律師　永長元・3・25、康和元・8・3、康和元・8・8、康和元・8・17、康和4・5・13
知定（藤原）兵庫頭　寛治元・12・2、寛治2・12・14、寛治7・10・3
忠縁（僧）大法師　承徳2・6・13
忠家（藤原）藤大納言　寛治2・3・23
中宮→媞子内親王・篤子内親王
忠久（下毛野）右府生・府生　嘉保元・6・13、康和元・4・24
中宮権大夫→能実（藤原）
中宮大夫→雅実（源）・師忠（源）
忠教（藤原）左近少将・左中将・尾張守・新宰相中将　寛治7・正・25、寛治7・2・12、永長元・3・11、永長元・3・24、承徳元・10・11、承徳元・10・17、康和元・正・2、康和元・正・10、康和元・3・15、康和2・10・4
忠兼（小槻）承徳2・正・6
忠康（丹波）主税頭　康和元・6・21、康和2・5・4
仲子（　）掌侍　康和元・4・12
忠時（大江）右少史　嘉保元・6・13、康和元・4・9
忠実（藤原）少将殿・入道殿・中納言中将・左大将殿・中納言・大将殿・権大納言・右府　寛治2・3・23、寛治2・3・24、寛治2、寛治7・正・19、寛治7・正20、寛治7・正・25、寛治7・6・10、寛治7・10・3、嘉保元・6・13、嘉保元・6・14、嘉保2・正・5、永長元・正・5、永長元・3・11、永長元・3・24、永長元・3・25、永長元・10・29、永長元・12・15、承徳元・10・11、承徳元・10・14、承徳元・10・15、承徳元・10・17、承徳元・11・21、康和元・正・1、康和元・正・2、康和元・正・3、康和元・正・7、康和元・正・20、康和元・正・24、康和元・2・13、康和元・3・10、康和元・4・7、康和元・4・9、康和元・4・24、康和元・6・20、康和元・7・9、康和元・7・10、康和元・7・21、康和元・8・16、康和元・8・28、康和2・4・1、康和2・5・4、康和2・6・7、康和2・6・19、康和2・8・8、康和2・9・4、康和3・6・20、康和4・5・26
仲実（藤原）右中将・新宰相中将・宰相中将・右宰相中将　寛治2・12・14、寛治7・正・20、寛治7・正・21、寛治7・正・25、寛治7・10・3、寛治7・10・4、嘉保元・6・13、永長元・正・5、永長元・12・5、承徳元・10・11、承徳元・10・12、承徳元・10・13、承徳元・10・14、承徳元・10・15、承徳2・正・6、承徳2・6・13、康和2・7・25
仲実（藤原）大舎人丞　承暦元・6・24、寛治2・3・23、寛治2・12・9
仲章（高階）蔵人・右近将監　康和元・正・7
仲信（惟宗）外記・少外記　寛治元・10・

22、寛治2・11・1、寛治2・12・14
忠重（清原）（左衛門）府生　承徳元・10・25
仲清（源）仲宗子　寛治7・2・10
仲正（源）左兵衛尉・蔵人　永長元・3・11、永長元・3・24
仲宗（源）　寛治7・2・10
忠宗（藤原）　承徳元・正・5
仲宗子→仲清（源）
中納言中将→忠実（藤原）
中納言殿→忠実（藤原）
忠平（藤原）太政大臣・貞信公　承保2・2・19、康和2・9・4
長覚（僧）法眼・権少僧都　寛治5・3・14、永長元・10・17、承徳元・10・27、承徳元・12・14、承徳2・3・24、康和元・11・29、康和3・3・29
澄観→証観（僧）
朝綱（大江）　寛治2・11・1
長実（藤原）因幡守　永長元・10・17
澄仁（僧）法眼　康和2・7・25、康和3・3・29
長忠（藤原）前兵衛佐　永長元・3・13
鳥羽→白河天皇
鳥羽院→白河天皇
鳥羽殿→白河天皇
朝輔（藤原）紀伊守　嘉保元・3・11、承徳元・10・20
長房（藤原）大蔵卿・太宰大弐・前大弐　応徳3・12・16、寛治2・3・23、寛治2・3・24、寛治2・10・21、寛治2・11・1、寛治2・12・27、寛治3・正・5、寛治6・正・5、寛治7・正・19、永長元・10・29、承徳元・10・22、承徳2・正・6、承徳2・6・13
長誉（僧）　永長元・3・27
珍円（僧）大法師　承徳2・6・13

ツ

通子（藤原）姫君　承徳元・10・11
通俊（藤原）右大弁・権中納言・新中納言・治部卿　応徳3・12・16、寛治2・3・23、寛治2・3・24、寛治2・10・21、寛治2・11・1、寛治2・11・20、寛治2・12・9、寛治2・12・14、寛治2・12・16、寛治2・12・21、寛治2・12・25、寛治2・12・27、寛治3・正・5、寛治5・正・6、寛治7・正・5、寛治7・正・19、寛治7・正・20、寛治7・正・25、寛治7・10・3、寛治7・10・4、嘉保元・6・13、嘉保元・6・17、嘉保元・6・22、嘉保元・6・25、嘉保元・12・15、嘉保2・正・5、永長元・正・5、永長元・3・5、永長元・3・7、永長元・3・11、永長元・3・14、永長元・3・19、永長元・3・25、永長元・3・28、永長元・10・29、永長元・12・15、承徳元・10・10、承徳元・10・11、承徳元・10・17、承徳元・10・29、承徳元・11・21、承徳2・6・13
通輔（藤原）蔵人・兵部大輔・兵部権大輔　寛治7・正・5、寛治7・正・19、寛治7・正・21、寛治7・正・25、嘉保2・正・5

テ

定円（僧）　寛治4・9・30
定遠（紀）左衛門尉　康和元・正・2

定遠（藤原）　左衛門尉　康和元・4・22
定家（平）　先考　康和元・正・16
定覚（僧）　已講　康和元・正・30、康和2・6・7
貞義（佐伯）（中宮）属・（郁芳門院）主典代・主計允・大殿下家司　寛治7・正・19、嘉保元・3・11
定慶（僧）　康和2・正・15
定賢（僧）　僧都・権大僧都・法印・醍醐法印　寛治元・正・18、永長元・9・4、永長元・12・15、承徳元・10・27、承徳元・12・14、承徳2・6・13、承徳2・6・18、承徳2・6・19、承徳2・6・20、康和元・正・14、康和元・2・17、康和元・8・3、康和元・8・8、康和2・6・7、康和2・6・28、康和2・8・8
媞子内親王　前斎宮・中宮・郁芳門院・新院・女院　承暦3・2・19、承暦3・5・27、寛治2・12・16、寛治7・正・11、寛治7・正・19、寛治7・正・20、寛治7・正・21、寛治7・正・25、寛治7・2・10、寛治7・2・12、寛治7・10・2、寛治7・10・3、寛治7・10・4、嘉保元・6・14、永長元・3・19、永長元・3・21
禎子内親王　陽明門院　寛治7・正・19
定秀（僧）　法橋　承徳2・5・27、康和2・10・4
定俊（清原）　大外記・外記　寛治2・12・9、寛治7・正・19、嘉保元・12・15、承徳2・正・6、康和元・正・1、康和元・正・6、康和元・8・28
定俊（僧）　別当　承徳2・6・13
定昭（僧）　大法師　康和4・正・14
定真（僧）　権律師、権少僧都　承徳元・10・3、康和2・10・4、康和4・正・14、康和4・5・13
貞信公↓忠平（藤原）
貞尋（僧）　権少僧都　寛治7・8・9、承徳2・6・13、康和2・10・4、康和3・3・29
定政（清原）　外記　永長元・正・5
貞禅（僧）　権律師　寛治2・12・27
貞度（平）　検非違使・右衛門尉　寛治7・10・3
貞平（豊原）　左兵衛尉　康和元・4・22
殿↓師通（藤原）
殿下↓師実（藤原）・師通（藤原）

ト

道言（賀茂）　陰陽師・主計頭　寛治2・10・21、寛治2・12・17、寛治2・12・21、寛治7・正・25、寛治7・10・3、永長元・3・7、永長元・3・19、承徳元・10・4、承徳元・10・10、承徳元・10・11、承徳元・10・13、承徳元・10・15、承徳元・10・23、康和元・正・28、康和2・6・1、康和2・9・4
東三条院↓詮子（藤原）
道時（源）　太皇太后宮権亮　寛治2・12・14、寛治2・12・21
道成（令宗）　明法博士　承保3・2・19
藤大納言↓忠家（藤原）・家忠（藤原）・公実（藤原）
頭中将↓雅俊（源）・国信（源）
藤中納言↓基忠（藤原）・季仲（藤原）
道長（藤原）　御堂　康和元・8・28
頭弁↓季仲（藤原）・師頼（源）・基綱（源）・

宗忠（藤原）・能俊（源）
道良（源）　侍従左馬頭・大蔵卿　寛治2・3・23、寛治2・11・1、寛治2・12・14、康和2・10・4
篤子内親王　宮御方・内中宮御方・中宮・宮　寛治6・正・5、嘉保元・6・14、永長元・3・24、永長元・3・25、承徳元・10・2、承徳元・10・10、承徳元・10・11、承徳元・10・14、承徳元・10・17、承徳元・10・24、承徳元・12・12、承徳元・12・14、承徳2・3・24、承徳2・6・20、康和元・正・2、康和元・正・9、康和元・正・11、康和元・正・12、康和元・正・19、康和元・正・27、康和元・2・2、康和元・2・3、康和元・2・4、康和元・2・6、康和元・2・8、康和元・4・6、康和元・4・8、康和元・4・13、康和元・4・15、康和元・4・19、康和元・4・20、康和元・4・21、康和元・4・22、康和元・4・26、康和元・4・27、康和元・4・28、康和元・6・3、康和元・6・10、康和元・6・11、康和元・6・12、康和元・6・13、康和元・6・16、康和元・6・17、康和元・6・18、康和元・閏9・16、康和元・10・17、康和2・正・15、康和2・正・18、康和2・8・10、康和2・8・19、康和2・9・4、康和2・10・4、康和3・3・29、康和3・6・1
敦遠（高階）　散位　承徳元・10・17
敦家（藤原）　近江守　寛治2・3・23
敦基（藤原）　左京権大夫・文章博士　寛治2・12・9、寛治2・12・21、嘉保元・12・4、嘉保元・12・15、永長元・3・5、永長元・3・13、承徳元・10・29、承徳元・11・21
敦憲（藤原）　散位　寛治2・12・9、寛治2・12・14
敦兼（藤原）　治部大輔・若狭守　永長元・3・25、承徳元・10・27、康和元・正・10、康和元・4・12
敦時（下毛野）　右府生・府生　嘉保元・6・13、康和元・4・24
敦実親王　式部卿　承保2・2・19
敦重（下毛野）　右府生・左府生・府生　嘉保元・6・13、康和元・4・24
敦清（下毛野）　番長　嘉保元・6・13、康和元・4・24
敦宗（藤原）　文章博士　寛治元・3・7、寛治元・4・7、永長元・3・13

ナ

内御方→堀河天皇
内相府→師通（藤原）
内大臣→信長（藤原）・師通（藤原）
内大臣殿→師通（藤原）
内中宮御方→篤子内親王
内府→師通（藤原）

ニ

二位中将→経実（藤原）
二位中納言→経実（藤原）
入道殿→忠実（藤原）
女院→媞子内親王
二郎　主殿司　寛治7・正・25
任尊（僧）　大法師　康和元・8・8

ネ

念範（僧）　康和元・10・17

ノ

能遠（高階）　能登守・散位・造興福寺次官　寛治2・3・23、寛治7・正・19、寛治7・正・25、承徳元・10・17、康和元・正・2、康和2・6・7

能実（藤原）　三位侍従・中宮権大夫・左兵衛督・権大夫　寛治2・3・23、寛治2・3・24、寛治2・11・1、寛治2・11・20、寛治7・正・19、寛治7・正・20、寛治7・正・25、永長元・3・7、永長元・3・11、永長元・3・24、永長元・3・25、永長元・3・28、永長元・10・29、承徳元・10・1、承徳元・10・2、承徳元・10・3、承徳元・10・11、承徳元・10・14、承徳元・10・15、承徳元・10・17、承徳元・11・21、康和元・4・24、康和元・8・3、康和元・8・8、康和2・10・4

能俊（源）　右近衛少将・蔵人・少将・権弁・権左中弁・修理左宮城使・頭弁・源宰相　寛治2・3・23、寛治2・11・1、寛治2・12・14、寛治7・正・25、寛治7・10・3、永長元・3・11、承徳元・10・11、承徳元・10・12、承徳元・10・17、承徳元・10・23、康和元・正・6、康和元・正・14、康和元・2・24、康和元・4・9、康和元・8・28、康和2・5・29、康和2・10・4

能仲（藤原）　治部少輔　寛治7・正・25

ハ

白河天皇　主上・院・太上天皇・上皇・一院・鳥羽院　承保2・11・19、寛治元・正・18、寛治元・4・7、寛治2・3・23、寛治2・10・21、寛治2・12・9、寛治2・12・16、寛治4・9・21、寛治7・正・19、寛治7・正・25、寛治7・2・10、寛治7・10・2、寛治7・10・3、寛治7・10・4、嘉保元・6・13、嘉保元・6・14、嘉保元・6・19、嘉保元・6・20、嘉保元・6・22、嘉保元・12・4、嘉保元・12・15、嘉保2・10・8、永長元・正・5、永長元・3・2、永長元・3・6、永長元・3・7、永長元・3・9、永長元・3・10、永長元・3・12、永長元・3・14、永長元・3・17、永長元・3・19、永長元・3・21、永長元・3・24、永長元・3・27、永長元・3・28、永長元・3・29、永長元・10・17、承徳元・10・18、承徳元・10・20、承徳元・10・21、承徳元・10・26、承徳元・10・27、承徳元・10・29、承徳元・10・30、承徳元・11・21、承徳2・6・13、承徳2・6・16、承徳2・6・19、承徳2・6・20、康和元・正・1、康和元・正・3、康和元・正・18、康和元・正・27、康和元・2・2、康和元・2・5、康和元・4・5、康和元・4・6、康和元・4・11、康和元・6・12、康和元・11・29、康和3・正・2、康和3・3・29

博定（藤原）　寛治元・12・2

博陸殿下→師通（藤原）

八幡別当　康和元・2・9

範胤（僧）　大法師　康和元・10・11、康和2・正・15

範延（僧）　永長元・3・27、康和元・8・17
範監（僧）　康和元・10・17
範季（　）　左京亮　康和元・2・13
範経（僧）　大法師　永長元・3・25、承徳2・6・13
範慶→慶範（僧）
範俊（僧）　権大僧都・法印　承徳2・6・13、康和4・5・13、康和4・5・27、天仁元・正・8
範政（中原）（左衛門）志　承徳元・10・25

ヒ

美作　主殿司　寛治7・正・25
尾張守→忠教（藤原）

フ

武忠（下毛野）　府生　康和元・4・24
文章博士→成季（藤原）・敦基（藤原）・在良（菅原）

ヘ

平益（僧）　康和元・10・17
別当→俊実（源）

ホ

邦家（藤原）　寛治2・3・23
邦真（　）　介　康和元・3・25
邦宗（藤原）　蔵人・右馬助　寛治2・3・23、寛治7・10・3
北政所→麗子（源）・信子（藤原）
輔弘（大中臣）　神祇権大副　永長元・正・5、承徳元・10・4、康和元・正・24
保実（源）　蔵人・右少将・左宰相中将・新宰相中将　承保3・12・19、寛治2・3・24、寛治2・11・20、寛治2・12・9、寛治2・12・14、寛治2・12・16、寛治3・正・5、寛治5・正・6、寛治7・10・3、寛治7・10・4、嘉保2・正・5、永長元・10・17、永長元・12・15、承徳元・10・2、承徳元・10・11、承徳元・10・17、承徳2・正・6
保成（丈部）　右府生　寛治2・12・9、承徳元・10・25
輔清（大中臣）　神祇権少副　承徳元・10・23
保清（　）　目代　康和元・2・15、康和元・3・1、康和元・3・15
輔明（藤原）　寛治7・2・10
保隆（藤原）　大蔵少輔　嘉保元・6・22
本院→白河天皇
本家北政所→信子（藤原）

ミ

民部卿→経信（源）・俊明（源）

メ

明兼（忌部）　右少史　康和元・2・4
明国（源）　蔵人・木工助・左衛門尉　嘉保2・正・5、嘉保2・正・10、永長元・3・11、永長元・3・24
明算（僧）　康和3・3・29
明実（僧）　権律師　寛治2・12・27
明証（僧）　大法師　承徳2・6・13

ユ

有家（藤原）　右近少将・左近少将・少将　応徳3・12・16、寛治2・3・23、寛治2・12・14、寛治7・正・25、寛治

7・10・3、永長元・3・25、永長元・10・27、永長元・12・15、承徳元・10・11、承徳元・10・15、康和元・2・11
有賢（源）左少将　寛治7・10・3
有元（大江）文章得業生　康和元・2・3
有佐（藤原）土佐守　康和元・6・20
祐子内親王　高倉殿　嘉保元・6・14、康和元・4・13、康和2・6・7
有重（僧）阿闍梨　天仁元・正・8
祐俊（小槻）左大史・大夫史　寛治2・12・9、寛治2・12・14、寛治7・正・19、嘉保元・3・11、嘉保元・6・23、嘉保元・6・25、永長元・3・25、永長元・12・15、承徳元・10・24、康和元・4・9、康和元・4・19、康和元・4・24
有俊（藤原）安芸守・前安芸守　嘉保元・3・11、康和元・4・24
有真（菅原）明法博士　承保3・2・19
有信（藤原）右少弁・左少弁・左衛門権佐・右中弁　寛治7・10・2、嘉保元・3・11、嘉保元・6・13、嘉保元・6・22、永長元・3・12、永長元・10・27、永長元・12・15、承徳元・10・1、承徳元・10・2、承徳元・10・4康和元・正・3、康和元・4・19、康和元・4・24、康和元・5・28
有政（源）蔵人　寛治5・正・6
有清（中原）外記　康和元・4・9
有宗（源）散位　寛治2・12・9、寛治7・10・3、永長元・3・25
有貞（伴）外記　応徳3・12・16
友範（　）散位　寛治2・12・14
有保（紀）左大史　嘉保元・6・22、嘉保2・正・5
有輔（藤原）左京亮　永長元・正・5
有隆（藤原）文章生　康和元・2・6

ヨ

陽明門院→禎子内親王

ラ

頼快（僧）永長元・3・27
頼基（僧）大法師　承徳2・6・13、康和3・5・29
頼季（紀カ）山城介　康和元・2・9
頼救（僧）大法師　永長元・3・12、承徳2・6・13、康和3・6・20
頼厳（僧）已講・権律師　永長元・3・25、承徳2・6・20
頼綱（源）寛治2・12・9、寛治2・12・14
頼日（僧）大法師　承徳2・6・13
頼清（　）（賀茂社）別当　永長元・3・15
頼禅（僧）康和元・10・17
頼尊（僧）法印・権大僧都　永長元・10・29、永長元・12・15、承徳元・10・17、承徳2・5・27、康和2・6・7
頼仲（　）寛治2・12・9
頼通（藤原）関白殿・宇治殿　承保3・2・19、寛治7・正・25、承徳元・10・17、康和元・7・9、康和3・3・21
頼任（紀）右大史　寛治2・12・14
頼扶（僧）大法師　承徳元・11・30

リ

隆円（僧）承徳2・正・24
隆縁（僧）康和元・7・9

隆覚（僧）　権律師　承徳2・6・13
隆姫女王　高倉殿北政所　承徳元・10・11
隆兼（大江）　兵部少輔・式部少輔　寛治元・10・22、永長元・3・25
隆時（藤原）　但馬守　寛治6・正・5、寛治7・10・3
隆真（僧）　大法師　承徳2・6・13
隆禅（僧）　権律師・権少僧都・権大僧都・法印権大僧都　寛治2・12・27、永長元・3・12、永長元・3・25、永長元・3・27、承徳元・10・2、承徳元・10・17、康和元・正・14、康和元・5・6、康和元・7・9、康和元・7・21、康和元・8・8、康和元・8・16、康和元・8・17、康和2・6・7
隆宗（藤原）　左少将・木工頭・縫殿頭　寛治2・3・23、寛治7・正・25、寛治7・10・3、嘉保元・3・11
隆尊（僧）　承徳2・6・13
隆長（　）　参河権守　承保3・2・18
隆明（僧）　権僧正・僧正・大僧正　永長元・10・17、永長元・12・15、承徳元・10・14、承徳2・正・24、承徳2・正・29、承徳2・5・19、承徳2・6・13、康和元・2・24、康和元・4・6、康和4・5・13
良意（僧）　権律師・権少僧都・少僧都・権大僧都・法印・権僧正　寛治2・12・27、寛治4・9・21、寛治6・2・3、寛治6・5・20、永長元・3・7、永長元・3・19、永長元・3・25、永長元・10・17、永長元・10・29、永長元・12・15、承徳元・2・26、承徳元・12・14、承徳2・正・29、承徳2・3・6、承徳2・3・24、承徳2・5・19、承徳2・6・13、承徳2・6・17、承徳2・6・20、康和元・10・11、康和元・11・29、康和2・正・15、康和2・5・12、康和3・3・12、康和3・3・29、康和4・5・13、康和4・5・26
良綱（藤原）　前伊勢守　寛治2・12・14
良真（僧）　権大僧都　寛治6・9・24
良智（僧）　康和元・10・17
良祐（僧）　康和3・6・3
林慶（僧）　権律師　永長元・3・25
林豪（僧）　少僧都・権少僧都　寛治5・3・14、永長元・3・25、承徳元・10・2、承徳元・10・17、承徳元・12・14、承徳2・正・24、承徳2・3・24、承徳2・6・13

レ

麗子（源）　北政所・大殿北政所　寛治2・12・14、承徳元・10・11、承徳元・10・17、康和元・正・9、康和2・6・7
令子内親王　斎院・斎王　康和元・4・3、康和元・4・9、康和元・4・22、康和元・4・25、康和元・4・26、康和元・6・17、康和元・6・18、康和元・6・19、康和元・6・20、康和元・6・21
冷泉院　承徳元・10・3
冷泉院宮→儇子内親王
連歌　主殿司　寛治7・正・25

不明確

□長（　）　寛治元・12・2

あとがき

本書『時範記逸文集成』が刊行にいたるまでには紆余曲折があった。『時範記』逸文の収集を『大日本史料』をもとにはじめた日時については、もう忘れてしまったが、一九八五年十二月の『国書逸文研究』第十六号に、「『時範記』と平時範」という小論を発表しているから、もうこの頃にはだいたいの逸文は収集済だったに違いない。その後、写本の写真を入手して『大日本史料』に引かれた逸文を確認するなどした。翻刻文を発表したのは、二〇〇七年三月刊行の『甲子園短期大学文化情報学科研究報告』第二号からで、二〇一〇年三月刊行の第五号まで、「『時範記』(1)」から「『時範記』(4)」まで、「解題」と『群言鈔』が引く最上限の承保二年(一〇七五)十一月十九日条から、宮内庁書陵部蔵『郁芳門院日吉御幸部類記』が引く寛治七年(一〇九三)十月三日条までを掲載したが、その掲載誌が廃刊となってしまったので逸文の翻刻も途絶した。そこで自主制作を考えて、残る原稿の『群言鈔』が引く最下限逸文の天仁元年(一一〇八)正月八日条までの翻刻条文を同じ神戸の印刷所にお願いして初校を出していただいた。全文の『時範記』逸文翻刻の初校と再校は二〇一一年~一二年頃にかけて行ったが、その後は諸般の事情で進捗せず、やっと二〇一五年になって校正作業を再開した。

ちょうど、そのような時に院政期の研究で知られる中丸貴史氏が京都市に出張で来られる機会があった。奈良時代政治史だけでなく、院政期の公卿日記にも関心のあったわたくしは以前から中丸氏とは交流があったことからさっそく中丸氏に『時範記』のゲラのコピーをお渡しして協力をお願いしたところ即時に快諾していただいた。しかし、わたくしの怠慢から具体的な作業は進まなかった。そして翌年の二〇一六年秋、わたくしは三年前から非常勤で大学院の講義を担当していた龍谷大学で、四月から古代・中世史担当して着任されていた樋口健太郎氏と知りあった。樋口氏は、平安時代末葉から鎌倉時代を専門として摂関家の動向を中心とする研究を進められておられたから、樋口氏にもご尽力をお願いした。二〇一七年四月、わたくしはご縁があって龍谷大学大学院・文学部の古代史を担当し、樋口氏と同僚となって、また多くの教示をうける幸せを得ることになった。

これが契機となって『時範記』翻刻の校正と人名索引の作業が本格的に進捗することになった。そして、わたくしが翻刻条文の最終的校正、樋口氏は翻刻条文の確認と『元亨三年具注暦裏書』『元亨四年具注暦裏書』『摂関詔宣下類聚』など重要な逸文掲載の部類記などの原本による校正を、人名索引については、前半部はわたくしが、後半部は中丸氏が分担し、人名索引全体の再確認とそれにともなう本文、とくに東京大学史料編纂所蔵『群言鈔』の確認を中丸氏が分担することで作業は進んだ。

『時範記』翻刻は、当初は出版の予定は立たなかったが、以前からお付きあいのあった岩田書院社長の岩田博氏にこの旨の話をしたところ、快く刊行をお引きうけ下さることになった。ありがたいことである。また厄介な組版を担当していただいた新田悦司・牧野敬子両氏にもお礼を申し上げたい。

このようにして三人相互の協力があって、本書『時範記逸文集成』がようやく公刊されることになった。この三人よる成果がいくらかでも院政期研究の裨益の一助になればと願っている。

二〇一八年五月

木本　好信